リベラルアーツは〈震災・復興〉とどう向きあうか

●編者
加藤恵津子
(国際基督教大学教授)
山口富子
(国際基督教大学教授)

●著者
村上むつ子
西田昌之
加藤恵津子
西尾隆
大森佐和
山口富子
萩原優騎
村上陽一郎

風行社

《目　次》

はじめに──野蛮から抜け出すための「荒れ野の 40 年」に向けて
　………………………………………………………………… 加藤恵津子　5

第Ⅰ部　フィールドと出会う，フィールドで出会う

【サービス・ラーニング／Service Learning】
第1章　震災＋大学＋ボランティア（サービス）活動
　　　──これらの繋がりに見える課題………………… 村上むつ子　17
　Ⅰ．はじめに …………………………………………………………… 19
　Ⅱ．震災後の大学・大学生の行動 …………………………………… 20
　Ⅲ．ボランティア活動とサービス・ラーニング …………………… 28
　Ⅳ．震災と ICU ………………………………………………………… 31
　Ⅴ．まとめ──震災と大学との関わりに見えてくる「大学と社会との関係」　35

【文化人類学／Cultural Anthropology】
第2章　コミュニティ防災の中心と周辺
　　　──タイ・パンガー県タクワパー郡の事例から ……… 西田昌之　40
　Ⅰ．はじめに …………………………………………………………… 42
　Ⅱ．研究 ………………………………………………………………… 45

【民俗学＆自文化人類学／Folklore & Anthropology at Home】
第3章　女将さんの引きだし──民俗知・人生・意志の交差点としての「被災者」
　………………………………………………………………… 加藤恵津子　62
　Ⅰ．集団から個人へ──ライフヒストリーが語るもの …………… 64
　Ⅱ．「女将さん」という語り手 ………………………………………… 68
　Ⅲ．津波から逃げる：個人に宿る〈民俗知〉 ………………………… 70

Ⅳ．昔話と震災を語る ……………………………………………… 73
　Ⅴ．過去と現在を語る——人生への物語論的アプローチ ……… 77
　Ⅵ．「被災者」らしからぬ被災者？——〈意志〉をもつ個人 ……… 78
　Ⅶ．「被災者」という人はいない …………………………………… 80

第Ⅱ部　政治・政策と私たちの意志

【行政学／Public Administration】
第4章　東日本大震災後の自治とガバナンス ……………… 西尾　隆　87
　Ⅰ．はじめに ………………………………………………………… 89
　Ⅱ．「災後」の概念と補完性の原理 ………………………………… 91
　Ⅲ．自助と「津波てんでんこ」 ……………………………………… 96
　Ⅳ．共助とコミュニティ形成 ……………………………………… 99
　Ⅴ．公助と協働型ガバナンス …………………………………… 104
　Ⅵ．おわりに ……………………………………………………… 108

【公共政策学／Public Policy】
第5章　なぜ今再び原発推進か——福島第一原発事故前後の原子力政策の変化と隠された争点 ………………………………………………… 大森佐和　112
　Ⅰ．福島第一原子力発電所事故と原子力政策の変化——原発再稼働・推進へ
　　　……………………………………………………………… 117
　Ⅱ．なぜ原発を減らすことを望む世論が政策に反映されないのか …… 126

第Ⅲ部　科学技術と社会のつながり

【社会学／Sociology】
第6章　「風評被害」という問題 ……………………………… 山口富子　139
　Ⅰ．福島原子力発電所事故による農林水産業への影響と風評被害 ……… 141
　Ⅱ．風評被害という言葉の定義 ………………………………… 143

Ⅲ．国による風評被害対策 …………………………………… 145
　Ⅳ．被災地の声 ………………………………………………… 148
　Ⅴ．風評被害の加害者とは？ ………………………………… 150
　Ⅵ．風評被害の渦中にいる生産者と市場関係者の声 ……… 151
　Ⅶ．「風評被害」という問題 …………………………………… 155

【科学技術コミュニケーション／Science and Technology Communication】
第7章　地域社会における専門家と住民の関係
　　　──災害にどのように備え，対応すればよいのか ……… 萩原優騎　158
　Ⅰ．本章の目的 ………………………………………………… 160
　Ⅱ．科学技術と社会 …………………………………………… 161
　Ⅲ．津波災害への備え ………………………………………… 167
　Ⅳ．専門家と地域住民の新しい関係 ………………………… 171

【科学史，科学哲学，科学社会学／History, Philosophy and Sociology of Science】
第8章　科学的合理性と社会的合理性 ……………… 村上陽一郎　177
　Ⅰ．喩え話 ……………………………………………………… 181
　Ⅱ．サイエンスとは何か ……………………………………… 182
　Ⅲ．科学の変質 ………………………………………………… 185
　Ⅳ．科学・技術のガヴァナンス ……………………………… 191

おわりに …………………………………………… 山口富子　199

はじめに
――野蛮から抜け出すための「荒れ野の40年」に向けて――

加藤恵津子

「アウシュヴィッツ以後，詩を書くことは野蛮である」

　アドルノ（20世紀前半のユダヤ系社会哲学者）のこの言葉が，2011年3月11日以来，私の頭から離れません．

　アウシュヴィッツとはもちろん，第二次世界大戦中にナチスドイツがユダヤ人絶滅のために建設した強制収容所のことです．「アウシュヴィッツのような恐ろしい事が起こってしまったからには，もう世界は以前と同じではいられない，いてはいけない．詩など書いてこの世を賛美するのは，偽善的で鈍感で恥ずべきことだ」――このようなことをこの言葉は意味するのだ，と私は思っていました．これは勘違いだったようですが，この誤読にも意味があると信じ，話を進めます[1]．

　ホロコーストのような「人災」と，東日本大震災のような「天災」――人災をその一部に含むとはいえ――を並べるのは，厳密にいえば間違いかもしれません．それでも，ある日を境に突然，生き物のような水の壁が日常を押しつぶしていくさま，家や車，鉄線などが混ざった巨大な塊の前で涙を流す人々，骨組みだけになって煙を上げる海辺の原子力発電所などが，連日連夜目や耳に飛び込むようになり，「大変なことが起こってしまった．もう世界は以前と同じではいられない，いてはいけない」と思ったのは，私だけではないはずです．

1）アドルノのエッセイ『文化批判と社会』(1949)に出て来るこのフレーズは，今日でもさまざまな解釈を呼びますが，藤野寛によれば「アドルノが問題にしているのは，『詩』には限られない，文化の総体である」．そして「野蛮（または自然）」の対極にあり，それを支配すると考えられてきた「文化」が，その最終段階においてナチズムを出現させた

またこの日以降，どれほど多くの人が「私の仕事に何の意味があるのか」と自問し，無力感に打ちのめされたことでしょう．それは歌手，スポーツ選手などのエンターテインメント産業の人々に限らず，研究者の大多数も同じです．建築学，医学，看護学のように，避難所や仮設住宅の設営，被災者の心身のケアなどにすぐさま役に立つ分野を横目に，ほとんどの学問分野は「何の役にも立たない」ことを自認しました．あるいは地震学や工学などのように，大震災を予見できなかった（できない）ことや対策を講じていなかったこと，つまり役に立たないことを自責・他責された分野もあります．

やがて緊急支援期が去り，中・長期的な復興支援期が始まると，「自分は〇〇町の復興にこんな形で関わっている」といった報告を集めた分科会が，学会発表に組まれたりしました（たとえば日本文化人類学会では，このような「公共人類学」「実践人類学」的な態度があらためて注目されました）．ここには，すぐに役立つわけではない学問分野の中でも，「役に立つ」研究をしている人とそうでない人の分化が生じたと言えます．しかし東北に縁もなければ，震災をきっかけに被災地研究を始めた——そのような人すべてを尊敬すべきとは思いませんが——わけでもない人の中には，「震災と関係ないことを研究していていいんだろうか」と自問した研究者も多かったはずです．私もその一人です．

震災と関係なく研究生活を過ごすことは，まるで大量殺戮が行われているかたわらで，詩人が平常時と変わらず花鳥風月を詠み続けるのと同じではないか．このように考えると，冒頭に挙げたアドルノの言葉は，「東日本大震災以後，学問をすることは野蛮である」と言っているように聞こえるのです．

ことを見れば「文化は，アウシュヴィッツに対して無力であっただけではない．文化こそが，アウシュヴィッツを生み出したのである」（藤野［2003: 57-8］）と解釈しています．文化の極みが，ホロコーストという野蛮の極みを生んだという逆説は，部分的に東日本大震災にも当てはまるかもしれません．なぜなら，原子力発電は文化の発展の極みにおいて生まれましたが，その事故は，今や地元住民にとって御しがたい脅威であり，恐怖だからです．もちろん原発事故を，「文化が自然の猛威（津波）に対して無力だということを示しただけで，文化そのものが脅威なのではない」と解釈し，「より質の高い文化によって，原発はより安全に使える」と唱える人もいるでしょう．しかし，地震や津波がなくとも過去にも臨界事故が起こっていたことや，廃棄物の処理法がいまだ開発されず，「埋める」という人類有史以前からの解決法に頼っていることを考えれば，原子力発電そのものが，初めから（水力や風力発電とは異なる種類の）「文化と野蛮」を併せ持っていた，と言えないでしょうか．

　　　　　＊　　＊　　＊

　しかし大震災から4年，5年と経つにつれ，これまでよりさらに野蛮な状態が生じているように思います．それは研究者を含め，日本に暮らす人々の多くが震災を見ないようになったことです．実際には，首都から数時間の場所で2万人超の死者・行方不明者が出ただけでなく，その後約30万人が家を失い，未だ18万人が避難者として生活しており（2015年12月現在，復興庁），さらに，多くの人が日常にひそむ見えない物質——放射線——のために，心休まらぬ生活を続けているにもかかわらず．

　たとえば震災から3年後の福島県で，放射線被害と闘い続けている農家の83歳の女性は言います．「戦争よりひどいかもしんねぇな．なんだかみんなそういうふうに言ってる」（NHK［2014］）．戦争を経験した方たちにここまで言わせるものは何でしょうか．また2015年2月17日は，東日本大震災から4年目にして，その余震が東北地方沿岸部を大きく揺るがせました．このようなことがあると，私たちは「災後」にいるのではなく「災間」にいるのだ（仁平［2012: 122-4］）と痛感させられます．以下は，この余震後に新聞に掲載された，宮城県の66歳の鍼灸師の方からの投書です．

> 「また来たか」［中略］東日本大震災で半壊と判定され，補修した我が家は大きく揺れた．「あの日」の記憶が一瞬よみがえった．92歳の母はコタツにしがみついた．［中略］「3.11」は千年に一度の地震だから当分は大きな地震はないだろうと思っていた．素人の楽観的な思い込みだったと反省した．［中略］今回の余震は，自然災害の記憶を忘れがちな人類と，被害に苦しむ声を無視して原発政策を進めることへの警鐘だと私は思

う（佐藤［2015］）．

　しかし被災しなかった人々は，震災にまつわる過去も現状も，未来も忘れがちです．「震災は終わっていない」という言い回し自体，首都圏ではすでに何の感情も呼び起こさなくなっていることがそれを物語っています．問題が大きく複雑なほど，より早く，より遠くに目をそむけようとする性質を，私をふくむ人間は持っているようです．しかし，人類を生き延びさせてきたこの鈍感力[2]こそ，どのような天災・人災よりも野蛮だと言えないでしょうか．

　　　　　＊　　＊　　＊

　野蛮から抜け出し，より文明的な人間の姿に少しでも近づくこと——忘れかけた大惨事，それらが起こった場所と人々に，共感と意志を向け続け，そこから倦むことなく学び続け未来に備えること——は不可能なのでしょうか．このように悩むとき，リベラルアーツ（教養．原義は「自由な技」）は，二つの点で重要な足掛かりを与えてくれるように思います．

　第一にリベラルアーツは，「役に立つ」ことの対極にあります．「自由な技」というこの言葉は，ギリシア・ローマ時代に，奴隷ではない自由な市民がもつべき技を指したと言われています．奴隷は身分上，料理や建築といった「使える技」を身につけねばならないのに対し，自由市民にはその必要はありません（村上［2004：30-1］）．自由市民が追究した「言葉の技」や，自然を探究する技は，いわば「有用主義から自由」な技なのであり，その分，ものごとの根本に関わる問題点を見つけ，それに長期的に関わろうとする態度につながります．つまり震災直後には無価値に見えた，多くの学問の「役に立たない」という性質が，時間が経つほど強みになるのです．

2）A・フロイトなら「防衛機制」の中の「否認」と呼ぶかもしれないこの性質は，耐え難い経験をした当事者の心を崩壊から守ってくれる，有益な心理システムでもあります．しかし他人の苦しみを，罪悪感も覚えずに無視できる能力にもつながるところに，私はこの性質の野蛮さを見ます．

第二にリベラルアーツは，学際性，つまり異なる学問分野間の横断と統合を含意します．ギリシア・ローマ時代の「リベラルアーツ」概念は，中世西洋の大学に輸入されると，知識人にとっての共通の知識基盤を培う七つの科目を指すようになりました（村上［2004: 33］）．ここでも，何かの職業に就くための勉強ではなく，「そうした職能上の必要性から解放されて純粋に知を追求する『（知的）自由人』にとって必須と考えられた」（笠原［2001: 38-9］）勉強を指したのです．この7科は，いわゆる理科系の4科と，人文系の3科から成りました（村上［2011: 60-1］）．

　今日の大学の「一般教育（教養）」課程では，これに社会科学が加わり，三つのカテゴリーからまんべんなく科目を履修することが求められます．複雑化・大規模化した産業社会では，人間が経験する出来事は，自然科学・社会科学・人文科学のどれか一つあれば説明できるということはないからです．このことは，未曽有と言われる複合災害と，その後の長い年月に向き合うときに特に重要です．

　ある日を境に，ベクレル，シーベルトという聞いたこともない語や数値にとり囲まれ，自分や家族を守るために判断を迫られる緊張と不安は，どうしたら減じることができるのでしょうか．地域や地区ごと，さらには数メートルごとに被害が異なる人々の，生業や生きがいや文化は，どうしたら再建できるのでしょうか．復興は，行政や専門家がイニシアチブをとるべきものでしょうか，それとも個人でしょうか．その時，何を「復興」と呼ぶかは誰が決めるのでしょうか．江戸期や明治期の津波，神戸，チェルノブイリ，広島・長崎といった過去の大惨事は，目の前の課題に対してどれくらい参考になるでしょうか．海や大気に放出され続ける放射性物質という，地球規模の環境問題には，どのように取り組んだらよいでしょうか．これらの問いのどれ一つをとっても，自然科学，社会科学，人文科学のど

れか一つの分野で答えを出せるものではなく，さまざまな専門分野の協働が必要です．

　誰にとっても初めての事態であれば，手探りで進むしかありません．そして特にリベラルアーツに触れた人間には，異なる学問分野を自分なりに関連づけ，一見遠い知見を統合し，判断し，実践に移すセンスやスキルが試されています．

＊　＊　＊

　本書はこのような考えから編まれたテキストです．ここには二つの大きな目的があります．一つは，東日本大震災という未曽有の大災害に対し，リベラルアーツに何ができるのかを自己批判的に探ること．二つ目は，東日本大震災へのさまざまなアプローチの例を通して，リベラルアーツを構成する学問分野それぞれの，目的や方法論における特徴や限界を明らかにすることです．

　この目的に向けて本書では，八つの学問分野を，隣接するものごとに三つのまとまりに分けています．第Ⅰ部は，フィールドワークを行い，現地の人の目線に立つことを重視する分野――サービス・ラーニング（村上むつ子），文化人類学（西田昌之），民俗学，自文化人類学（加藤恵津子）から成ります．第Ⅱ部は，政治・政策と市民の意志の関係を考察する分野――行政学（西尾隆），公共政策学（大森佐和）――から成ります．第Ⅲ部は，科学技術や専門家と社会全体のつながりを分析する分野――社会学（山口富子），科学技術コミュニケーション（萩原優騎），科学史，科学哲学，科学社会学（村上陽一郎）から成ります．それぞれの章は，ミクロでローカルな，質的な調査法をとるものから，より理論重視の，マクロな視点に立つ，量的調査法をとるものまで多種多様です．各章の最後にはディスカッション・クエスチョンが記してありますので，自分なりに答

えを考えてみて下さい．

　執筆者はいずれも ICU（国際基督教大学）に関わる教員で，3.11 以来，またはそれ以前から震災に向き合い，震災・復興を教育と結び付けようとしてきました．各章はそうして蓄積された知見，つまり 5 年が過ぎたからこそ蓄積された知見をもとに書かれています．もちろん，現地の状況は刻々と変わっています．しかし 5 年を一つの区切りとして，今の考えをリベラルアーツという枠組みを通して記すことに，私たちは大きな責任を感じています．

　本書のもととなったのは，ICU で 2014 年秋学期に開催された「三年目の〈震災・復興〉ワークショップ・シリーズ」[3] です．このシリーズでは，さまざまな分野の教員有志が「震災・復興」についてリレー式で講義を行いました．この実践は，2015 年に一般教育科目「『災後』の人間・社会・文化」の新設へと発展しました．

　なお「震災復興」でなく「震災・復興」と表記するのは，震災と復興を別物と考えるからです．震災か復興のどちらかに重点を置いて研究や支援を行っている人もいますし，また現地には，震災時で時が止まったように感じ，すでに復興期に入っているかのようにひと息に「震災復興」と言われることに，苦痛を覚える方もいるでしょう．

　本書は一つの道標にすぎません．本当の復興──それが何を意味するにせよ──は，これから少なくとも 40 年はかかると考えられます．この 40 年とは，現時点で，福島第一原子力発電所の廃炉にかかると見積もられている年月です[4]．それは現在 20 歳の人が，社会に出て働き，60 歳で定年退職する年月とちょうど重なります．皆さんが職能を究め，税金を納め，政治に参加する，この長いようで短い年月をどう過ごすかが，「災後」の東北と日本社会，あるいは世界の姿を決定するのです．

　そう言えば，預言者モーセがユダヤの民を率いて荒れ

3）参加教員は，本書の執筆者のうち 5 名（村上むつ子，加藤恵津子，山口富子，萩原優騎，村上陽一郎）の他に，山本良一（ICU・環境経営学），田中幹人（早稲田大学・メディア論），久保謙哉（ICU・化学），高藤洋子（立教大学・アジア研究），橋本和典（ICU・臨床心理学），ウィルヘルム・フォッセ（ICU・政治学，平和研究）でした．

4）「40 年」という文言は，2012 年 1 月，脱原発を掲げる民主党政権（当時）が発表した原子力安全改革法案において，日本中のすべての原子炉の廃炉に要する期間として登場しましたが，当初か

はじめに──野蛮から抜け出すための「荒れ野の 40 年」に向けて

野をさまよったといわれる歳月は40年でした．また西ドイツ大統領だったヴァイツゼッカーが，ナチスドイツの降伏からちょうど40年後の1985年5月8日，「過去に目を閉ざす者は，現在に対してもやはり盲目となる」と主張した名高い演説にも「荒れ野の40年」の比喩がありました．ヴァイツゼッカーは言います．

> 人間の一生，民族の運命にあって，四十年の歳月は大きな役割を果しております．［中略］暗い時代が終り，新しく明るい未来への見通しが開かれるのか，あるいは忘れることの危険，その結果に対する警告であるのかは別として，四十年の歳月は人間の意識に重大な影響を及ぼしております（ヴァイツゼッカー［2009 (1985)：27]）[5]．

2051年3月11日，皆さんはどのような姿になった東北，日本，世界を見ているでしょうか．その時，リベラルアーツが何だったのか，それぞれが思いを馳せることを願いながら，この小著を世に送ります．

2016年3月

ら「40年という見積もりには科学的根拠がない」との批判がありました．2012年以降は，自民党政権が原発推進へと方向転換するかたわら，「40年」という文言は，福島第一原発の廃炉に要する期間として工程表（2015年8月12日改訂）に盛り込まれたり，原子力規制に関するプロジェクトチームの提言（2015年8月19日）において，原発運転期間の原則的な上限として言及されたりと，要所において使われ続けています．

5）ヴァイツゼッカーの演説は，日本では『荒れ野の40年』という題名で岩波ブックレット・シリーズから刊行されていますが，これは邦訳出版を企画した安江良介による題名であり，もとの演説に題名はありません（詳細は同書の「解説」の章を参照）．なおヴァイツゼッカーは本書の準備を始めた頃，2015年1月31日に逝去しました．

【参考文献】
・リヒャルト・フォン・ヴァイツゼッカー　2009 (1985)　『新版　荒れ野の40年——ヴァイツゼッカー大統領ドイツ終戦40周年記念講演』永井清彦訳，岩波書店．
・NHK　2014　「それでも道はできる——福島・南相馬コメ農家の挑戦」ETV特集（Eテレ），9月13日放映．
・笠原潔　2001　『西洋音楽の歴史』放送大学出版協会．
・佐藤一　2015　「巨大余震『あの日』の記憶が」朝日新聞〈声〉欄，2月22日，10

頁.
・仁平典宏　2012　「〈災間〉の思考——繰り返す3.11の日付のために」赤坂憲雄・小熊英二編著『辺境から始まる』明石書店，122-58頁.
・藤野寛　2003　『アウシュヴィッツ以後，詩を書くことだけが野蛮なのか——アドルノと〈文化と野蛮の弁証法〉』平凡社.
・復興庁　2016　『復興の現状』1月19日，復興庁ホームページ，http://www.reconstruction.go.jp/topics/main-cat1/sub-cat1-1/20160119_siryou1_hukkounogenjou.pdf（2016年2月11日アクセス）
・村上陽一郎　2004　『やりなおし教養講座』NTT出版（改題：2009『あらためて教養とは』新潮社）.
・―――　2011　『知るを学ぶ——あらためて学問のすすめ』河出書房新社.

第I部

フィールドと出会う,フィールドで出会う

【サービス・ラーニング／Service Learning】

第1章
震災＋大学＋ボランティア（サービス）活動
―― これらの繋がりに見える課題 ――

村上むつ子

> 大学と震災とのつながりは，学術的（アカデミック）なものだけではありません．30年近く前から，大学は「社会に積極的に関与する学問」のあり方を模索してきました．この考え方によると，大学による社会への関与は「学識（スカラーシップ）」の醸成に欠かせないものであり，ボランティアやサービスは，学生の課外活動以上の意味を持ちうるものです．東日本大震災の際には，多くの大学，教員や学生がボランティア活動に参加しました．しかし，その経験はどこまで「学識」へと高められたでしょうか．「教員も学生も，社会に関わる（エンゲージする）べき市民である」――平常時からそのような意識を持ってこそ，研究や学びが深まり，また非常事にも独自の対処・貢献ができるのだと，2011年の大震災は教えてくれたのではないでしょうか．この章では，ICUでもなじみの深い「サービス・ラーニング」の考えを通して，震災と大学の関係を考えます．

[Key Words: ボランティア（サービス）活動，大学と社会，学識（スカラーシップ）]

● サービス・ラーニングとは

　サービス・ラーニング（S-L）とは，学生が学外に出て，主体的に無償で社会貢献活動（サービス活動）を行い，その体験を学び（ラーニング）につなげる学習手法です．S-L は形態としては体験学習であり，教育効果の高いアクティブ・ラーニングであり，内容的には「変容的学習」とも「市民教育」ともなり，プログラムの構成や指導手法によっては究極のグローバル人材教育にもなる，汎用性の

高い教育概念です．

　S-L はアメリカの大学で 1980 年代の半ばから広がり，教育哲学者ジョン・デューイの体験学習理論やアメリカ社会の行動を重視する伝統を両輪として広く認識されてきました．現在では名門大学から地域のコミュニティカレッジまで，広く必須教育としても実践されています．日本では大学で 2000 年くらいから参加型学習が促され，その中で S-L が注目されるようになり，現在では様々な形で S-L が大学教育に取り込まれています．

　S-L ではボランタリーに活動をする「サービス」，その体験から獲得する「ラーニング（学び）」，の二つは同じような価値があり，片方では成立しないと考えます．そのためには「サービス」の意味を事前に深く考える必要もあります．誰かを助ける，人の役にたつボランティア活動をする，社会貢献をする──同情や義務感ではなく，なぜ活動に取り組むのかを議論しながら，学生一人一人が自問します．学習者自身のための実習活動やインターンシップも同じように学外で活動しますが，S-L では他者のために，公益のために働くという点が特徴となります．

　また，S-L にはサービス体験を学びへと確実に導くための独特の仕組みがあります．まず，活動前には必ず事前学習を実施し，自分がいく現場や社会のなかで自分が関わる活動がどういう意味があるかを学びます．海外で活動する場合はその地域や国の歴史や言語，文化や社会の現状も学びます．そして，サービス活動の最中には活動記録や自分の学び，感じた事を日誌（S-L ジャーナル）に書き付けます．文章作成の訓練にも，考えをまとめる練習にもなりますが，自分が書いた事を繰り返し読み，加筆することで自分との対話をすることになります．

　さらに，そのジャーナルを活用して，活動中にも，活動の終了した後にも「振り返り（リフレクション）」という過程が組み込まれます．振り返りでは，活動をおこなった学生同士からの学びあいも多いのですが，S-L を熟知した担当教員やコーディネーターが学生の体験を「経験」に深めるためのサポートをしていくことも重要になります．

　大学によっては教科や授業に結びつけ，学習目標を明確にした「アカデミック・サービス・ラーニング」プログラムを行い，教員が専門知識を活かして指導します．現場で体験したことを大学に持ち帰り，振り返りやクリティカル・シンキングを駆使して反芻し，教室で学んだ理論や知識を再確認しながら議論し，その結果得た内容を発表するのです．アメリカでは大学院の専門的な研究活動でも，「ク

リティカル・リフレクション」，つまり知的な批判精神に富んだアプローチで行う振り返りを活用しています．

　S-L で学生が身につけるのは社会についての知識やアカデミックな学びだけではありません．慣れ親しんだ環境から離れ，国内外の異文化のなかで，多様な背景を持つ他者と共に共通の成果を求めて働くことにより，ジェネリックスキル（汎用的能力）や社会性を身につけ，視野を拡げていきます．また，学習者によっては，サービス活動の後も，どんどん自主的に文献などにあたり，学びを深めるスキルを身につけて自らエンパワーしていく人たちもいます．

　アメリカの経営学者，ピーター・F・ドラッカーは「これからは，教育ある人間とは，いかに学ぶかを学んだ者，そしてその一生を通じて学び続けるもの，とくに正規の教育によっていかに継続的に学ぶかを学んだ者をさすことになる」と書いています．若い方々に S-L を活用し，大学を出てからも生涯学び続け，社会で活躍し，貢献する力を獲得してほしいと思います．

Ⅰ．はじめに

　2011 年 3 月 11 日に東北地方太平洋沖でマグニチュード 9.0 の大地震が起き，未曾有の巨大津波が沿岸部を襲いました．その震災で福島県にある東京電力の福島第一原子力発電所が破損，3 つの原子炉で核燃料がメルトダウンし，多くの放射性物質が放出され，世界レベルでも最悪の原子力発電所事故となりました．それ以来，日本も私たちも，これからは全く違う世界を生きていかざるを得ないのだと多くの人々が感じています．

　日本の全国の大学も，ある意味ではそれまでに無かったような行動を震災直後からとってきました．大学による被災地への働きかけや支援活動が始まり，専門的な知識や技術を用いての復興支援行動へと広がっていきました．その過程のなかで，多くの問いが生まれ，新しい課題も浮上し

ました．「大学は何をすべきか」という大きな命題のもとに，様々な学術分野で震災・復興に関わりながら学び，研究すべきことが立ち現れてきたのです．震災・復興の現実は多くの課題を大学，教職員，学生に投げかけ，それぞれが自分たちの解をもとめてきています．

　この章ではまず，震災後の日本の大学がとった行動を整理し，検証していきます．また大学生の震災関連のボランティア活動を振り返り，その意味を「サービス・ラーニング」（詳しくは後述）に連なる視点から探ります．そして，ICUのサービス・ラーニング・プログラムや震災後の状況や活動を総覧し，震災と大学との関わりに見えてくる「大学と社会との関係」というアジェンダを再考していきます．

II．震災後の大学・大学生の行動

1．大学としての動き

　震災直後から，全国の4年制の763校のほぼ全ての大学が何らかの対応をしました．後に，国立大学協会，公立大学協会，日本私立大学連盟，日本私立大学協会が，加盟大学の東日本大震災への対応や取組を調査し，2012年に公表した情報に詳しくありますが，概ね，以下のような行動が見られました．

　被災地や東日本の大学では，まず学内の被害状況を把握し，学生の安否確認や帰宅困難学生への支援が急務となりました．そして被災地出身の学生や家族の安否確認やサポート，被災学生の授業料減免・受験検定料免除，後にはカウンセリングや被災地の学生受け入れへと広がりました．被災地でも比較的被害が少なかった大学は，キャンパスを避難した市民に解放し，救援活動にも協力しています．

　4月になると，各大学では学生や教職員の呼びかけで募

金活動やチャリティコンサートやオークションなどのイベントが始まり，シンポジウム，討論会などが開催され，復興に貢献するような調査・研究活動が始まり，復興に貢献・参画する気運が高まっていきました．

　大学によっては，被災地に学内のマンパワーや学術的リソースや技術を提供し，被災者健康相談や，避難中の被災者や子どもたちへの支援，写真洗浄活動や仮仮設住宅でのカフェ運営へと活動を多角的に展開します．また，積極的に学生を被災地へとボランティア派遣をし，支援活動を促し，経済的支援をする大学もでてきました．

　教員たちも個人で，あるいは所属学部で支援活動を始め，学生たちを巻き込んで行きました．全国の大学でも医学部，看護学部，社会福祉学部などの専門性の高い知識や技術を備えた大学は医師や医大生，看護士や社会福祉士を被災地に送り出し，彼らは混乱の続く現場で健康診断や健康相談を実施，ソーシャルワーカーも被災者や家族の相談に乗るなどの活動をしました．

　ユニークな取組みや活動をした大学の例を手短に紹介します．

　○上智大学：グリーフ・ケアのセミナーを被災地各地や東京で開催．
　○法政大学：総長を部長とする東日本大震災復興支援本部を設立，E-ラーニング教材を提供するなど多数のプロジェクトを実施．
　○大阪大学：放射能マップを作成．
　○東京大学：津波被害調査を実施．
　○東京外国語大学：多言語・多文化教育研究センターの「災害多言語翻訳支援チーム」が21の言語による震災情報，放射線被曝の情報などを発信．
　○工学院大学：建築学部で「村再生プロジェクト」を実

施，石巻市で11棟の復興住宅を伝統工法で建て，学生が仮設住宅用の家具を設計．

この他にも，東北被災地から子どもたちや母親たちをキャンパスや周辺地域に招き，サマーキャンプや，レスパイト・プロジェクト（避難生活の当事者に一時的に休息してもらうためのプロジェクト）を実施した大学も幾つもありました．

RCF復興支援チーム（震災復興支援関係者間の利害を調整する中間組織）は，2011年7月にまとめた「大学による被災地支援モデル」の中で，以下のようなマップを示しています．縦軸に「教育・研究に関わる度合い」，横軸に「個

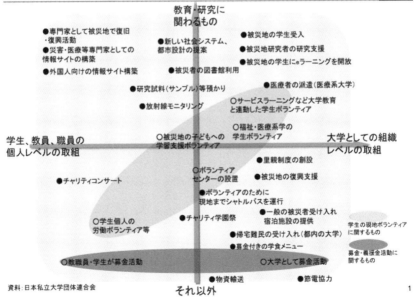

図1 「大学による震災支援マップ」RCF復興支援チーム

人から組織というアクターの種別」を並べ，震災後の数ヶ月間の大学による被災地支援活動を網羅しています．

　大学関係の団体も動きました．震災の2週間後には，84万人の科学者・学者を擁する日本学術会議が「緊急提案」を発表し，「ペアリング支援」（被災地と被災していない県・市町村が一対一で協力関係を結び，持続的な復興支援をする）を呼びかけるなど迅速な行動がみられました．また，国立大学協会では加盟大学に復興プロジェクトの提案を呼びかけ，45大学128件の申請案件の中から，被災地復旧の緊急性や即効性があると認められる33大学の67のプロジェクトを支援事業として認定し，経費の一部を支援しました．

　大学による復興支援活動のなかで注目すべき，もう一つの特徴は大学が様々な新しい形の連帯を形作ったことです．大学間連携ボランティアネットワーク[1]のような複数の大学の繋がりが生まれ，自治体，非営利機関，市民活動団体や企業と組んで協働作業を営みました．

　震災後，2年，3年を経ても被災地で直接的な支援を続けている大学も多くあります．例えば明治学院大学ボランティアセンターによる「Do for Smile＠東日本プロジェクト」では，現在も被災地に学生を送って活動支援をしています．被災地で口腔ケアなどを行ってきた長崎大学も，「発生から3年が経過した東日本大震災の風化防止」を掲げ，被災地スタディーボランティアとして学生の派遣を続けています．東北大学の「復興アクション100+」は，教職員が自主的に100以上の復興支援プロジェクトに取り組むのを応援し，新潟大学では今でも被災地の調査や医療支援に取組んでいます．

　大学の授業に震災や復興を取り込んだ大学も少なくありません．慶応大学大学院経営管理研究科では「震災復興チャリティ・ケース・メソッド授業」（2012年3月）を開催，

1）大学間連携ボランティアネットワークは2011年春に東北学院大学が中心になって作られたネットワークで，現在，大学間連携による学生ボランティア活動を柱として日本全国96の大学が参加しています．

第1章　震災＋大学＋ボランティア（サービス）活動——これらの繋がりに見える課題　　23

上智大学では2012年度から全学共通科目「「3.11学」を開講し，聖心女子大学では連続講義「災害と人間」（2014年）を行ってきています．

2012年から2014年にかけては，全国の各大学では，震災・復興の現状の分析や政策提言，原発や原発事故からエネルギー政策の研究などを，学術的にまとめて公開するシンポウムや討論会が精力的に開催されています．以下はほんの数例です．

○神戸大学震災復興支援・災害科学研究推進室第3回シンポジウム「大震災を踏まえた教訓と課題——次世代へつなぐ」（2015年1月9日）
○東北大学復興シンポジウム「東北大学からのメッセージ～震災の教訓を未来に紡ぐ」潘基文国連事務総長の特別講演（2015年3月15日）

震災の翌年からは専門領域のフィールドリサーチ，支援活動の分析，活動に携わった学生への教育的効果の分析，政策提言など，様々な論文も発表されてきました．

以上に見てきたように，日本の高等教育界は3.11後の新しい現実を受け，多彩な活動を自主的に展開するという，新しい歴史をつくって来たのです．

2．大学生の被災地ボランティア活動と「学び」

東日本大震災の復興場面で注目されたのが，多くのボランティアの働きです．各地の大学の学生たちは，震災直後からすぐにでも被災地に行って支援したいと勇み足になりました．震災直後の救援・復旧時期にむやみに被災地に出向かないように告知した大学もありましたが，4月末から5月のゴールデンウィークには多くの若者たちが被災地に押し寄せ，瓦礫処理などのボランティア活動に従事しまし

た．

写真1　被災地で学生ボランティアが瓦礫やゴミを処理した（ICU生提供，2011年ICU祭で展示）

　大学生ボランティア単独の数字はありませんが，ボランティアとして被災3県（岩手・宮城・福島）で活動した人数を月別にみると，2011年4月12日から5月11日には18万人以上になったと，全国社会福祉協議会が報告しています．また震災後1年の間にはボランティアの数は100万人近くに達しました．この数字は各地の災害ボランティアセンターがまとめたもので，この他にもかなり多くの人たちが，NPOや他の機関・団体を通じて被災地ボランティアとして働いたのはよく知られるところです．

　学生が行った被災地でのボランティア活動は，2011年の春から夏にかけては瓦礫処理，被災家屋・田畑の整備，インフラ復興のための整備労働が多く，夏から秋に入ると避難所での支援活動も活発化しました．例えば，物品配布，こどもの世話や教育支援活動，高齢者介助，マッサージ，「足湯」，「コミュニティ・カフェ」の設置や運営などです．

　その後，被災者が仮設住宅に移ると，学生ボランティアはコミュニティ行事の手伝いや行事参加，「傾聴」，子どもたちへの娯楽提供，農業や花壇作りのお手伝い，漁業の周

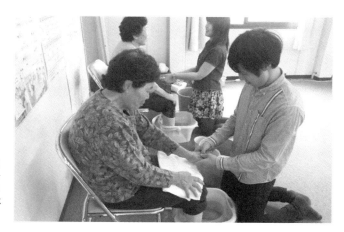

写真2　ROADプロジェクト足湯ボランティア（ROADプロジェクトFacebookより）

辺支援へと移っていきます．そして，大学やNPOによる長期的な教育支援，写真洗浄，グリーフ・ケア，被災地の子どもの夏キャンプ設営などの支援プログラムも始まりました．

　ところで，被災地ボランティア体験は学生にとってはどのような意味があり，その体験を通して何を得るのでしょうか．すでに多くの研究で，ボランティア活動が知的・社会的好奇心を刺激し，人の成長を促していく，といわれています．が，被災地で活動したボランティアは平時のボランティア活動をした人たちと違う成果を得ているのでしょうか．

　東北大学高等教育開発推進センターでは，4名の教育関係者が11の大学や団体の協力を得て「災害ボランティア経験が持つ大学生への教育効果」の調査研究を行いました．被災地支援ボランティアに行った123名の学生から得たアンケート，12名の学生へのインタビュー，支援にあたった大学への聞き取りをベースにして，災害ボランティア活動に絞ってその活動の内容，学生たちの思いや認識を量的・質的に調査・分析した中に，幾つかの興味深いポイントがあります．

アンケートでは，震災ボランティア体験者の多くが，活動後の自分の意識や行動の変化について「概ねポジティブな変化を挙げた」と認識したそうです．また「被災地・被災者と向き合い，深さや広さに程度の差はあれ，学生は自分の生き方や行動にボランティア体験を結びつけて考えている，むしろ，考えざるを得ない状況にある」と報告しています．被災地，被災者との繋がりが深まり，より身近に関心をもって被災地の情報を見聞きし，「当事者意識」が高まり，ボランティア経験は学生の専攻に関わらず，学習面や学習意欲において有益な効果をもたらし，学生たちが将来の進路を真剣に考えるきっかけにもなった，と分析者は述べています（小林ほか［2014: 38］）．

上記文献での教育学術新聞の小林功英氏は，被災地ボランティア体験には，教育実習のような体験学習とは明確な違いがあると指摘しています．教育実習では学生は事前に「心構えと知識が計画的に蓄積されて」おり，実際の教育実習でも，受け入れる学校にも「知識と経験の蓄積があり，学生が経験する事は学校側の想定の範囲」だと言います．しかし，災害ボランティアでは「心構えと知識を十分準備してから参加する事は困難」であり，現場での学生の体験を「想定内に停めておく事は不可能」なのです．経験がどのように学生に影響するか，についても，教育実習だと想定範囲内，でも災害ボランティアでは，例えば実際の被災地の現場をその目でみてどのように反応するかなど「想定を大きく超えるものであることがある」というわけです．

東日本大震災の被災地での学生ボランティア体験についての研究や調査は，今後も続いていくと思われます．2005年8月にハリケーン・カトリーナがアメリカ合衆国の南東部を襲い，大災害となった後も，何年もの間，現地での市民活動報告や，サービス・ラーニングの教育的効果などの

研究が活発に発表されたものでした．

そして，災害ボランティア，大学・大学生の繋がりについて教育を論じるとなると欠かせないのが，次に述べるサービス・ラーニングの考え方です．

III．ボランティア活動とサービス・ラーニング

日本の大学では現在，参加型の体験学習プログラムが劇的に広がってきています．文部科学省が日本の大学に伝統的な座学だけでなく，学習者が能動的に学びに取り組むアクティブ・ラーニングを奨励してきたのも理由の一つです[2]．

背景には，世界の国々が21世紀の高等教育を見据え，優れた人材を輩出できるように大学の役割や教育方法を再考し，多角的な学習法を開発・実践してきたことがあります．その結果，日本でも海外でも，大学生が学外でフィールドワークやインターンシップを行うことも珍しくなくなり，大学生によるボランティア活動や市民貢献活動も盛んになってきました．その中で独特の理論や研究に基づいたペダゴジー（教授法）としてひときわ注目されているのが，サービス・ラーニング（S-L）です．

S-Lは文字通り，「他者に対するボランタリーなサービス（奉仕）活動」と「学び」を組み合わせた概念です．大学でのS-Lでは，通常は一定の期間，学生が学外でサービス活動を行い，リフレクション（振り返り）を通してその体験を整理しなおし，その結果をまた大学での学びに活かすというプロセスをたどります．公共性をもった活動をボランタリーに行いますが，自分の成長や社会的スキルを身につけるだけでなく，アカデミックな学びに関連させ，繋げていくのです．

現在，S-Lは欧米やアジア各国の大学で広まっています

2）文部科学省が体験的学習を推奨していく過程で，例えば，以下のような答申がその推進力となりました．
〇「大学でボランティア活動などの社会貢献活動を授業に位置づけるなどをすすめ，国内外でのフィールドワーク等の機会を充実することが必要だ」大学審議会答申『グローバル時代に求められる高等教育の在り方について』，2001年．
〇「学生の主体的・能動的な学びを引き出す教授法（アクティブ・ラーニング）を重視」，その例として「サービス・ラーニング」の言葉が登場．中央教育審議会大学分科会 制度・教育部会『学士課程教育の構築に向けて』（審議のまとめ），2008年．

が，S-L の歴史が一番あり，盛んなのはアメリカ合衆国です．アメリカ社会では子どものころから「コミュニティ・サービス」と呼ばれる活動をしていますが，それを，有効な教授法として構築したのが S-L です．アメリカのキャンパス・コンパクトは大学での S-L を押し進めてきた教育団体ですが，現在，全米の 1100 の大学が参加，傘下に 600 万人の大学生がいます[3]．

S-L はもともとアメリカの教育哲学者ジョン・デユーイ（John Dewey, 1859-1952）の「人は体験することによって真に学ぶ」という体験学習理論に根ざしています．彼の理論はその後，認知心理学の思考発達理論で裏打ちされ，教育学者のデイビッド・コルブ（David Kolb, 1939-）によって現代的な体験学習理論へと発展しました．

大学での S-L には独特の構造があります．活動前の事前学習，サービス体験中のジャーナル（日誌），活動後のリフレクションが必須で，その成果を学問へ戻しながら，学びを担保するのです．

日本では，70 年代にはすでに小学校や中学校でボランティア活動の市民教育効果が認識され，地域での「ボランティア学習」という形で展開されました．その中で教育学者，ボランティア推進団体が S-L の仕組みや方法論を研究し，学習しあい，S-L 手法を実践してきたのです[4]．

日本の高等教育界や大学に S-L という概念が広まり，実践され始めたのは 2000 年代になってからです．

ICU は日本ではいち早く S-L を正規カリキュラムに取り込みました．2002 年にはサービス・ラーニング・センターを設立し，すでに存在していたサービス・ラーニング S-L 科目をまとめて統合し，S-L プログラムとしたのです．現在，ICU の S-L 関連科目は 5 科目あります．まず，春学期には 2 つの座学科目（「サービス・ラーニング入門」・「サービス・ラーニングの実習準備」）で事前準備を整えます．

[3] キャンパス・コンパクト（= Campus Compact）はアメリカの有力教育団体で，設立は 1985 年．現在，全米の 1100 の大学（学長・総長）が参加，傘下に 600 万人の大学生がいます．その使命は以下のように表明されています．"Campus Compact advances the public purpose of colleges and universities by deepening their ability to improve community life and to educate students for civic and social responsibility"（執筆者訳：キャンパス・コンパクトは，学生がコミュニティを改善する能力を深め，市民的・社会的な責任感を身につける教育をすることにより，大学の公共に資するという目的を押し進めます）．http://www.compact.org/

[4] ボランティア学習　日本では教育改革の気運が高まっていた 1990 代にボランティア活動の教育効果の認識がひろまりました．1996 年には文部省中央教育審

そして，夏休みに学外の非営利機関・公共機関で30日以上のサービス活動を行い，秋学期に実習科目として登録します．秋学期にはまた「サービス・ラーニングの共有と評価」で実習後の振り返りをします．年間およそ60名の学生がS-Lを実践，履修しますが，その数はサービス・ラーニング・センターが出来てから10年で630人ほどになりました．

ICUのS-Lの特徴として際立つのは，国際S-L，つまり海外でサービス活動をする学生が多いことです．大学がグローバル市民の育成を掲げ，多くのICU生の関心が海外に向いているせいか，毎年S-Lを履修する学生の大多数が海外での活動を選択し，国内でコミュニティ・サービスをする学生は10名前後です．

文部科学省が参加型学習を奨励し，S-L関連の取組みへ資金援助してきたこともあり，最近では他の日本の大学でも様々な形のS-LやS-L的な市民貢献活動の取組みが以下のように見られます．

> 議会第一次答申が「こどもに『生きる力』とゆとりを」のキャッチフレーズと共に発表され，その力を形成する柱として「ボランティアなど社会貢献の精神」が提唱されました．2年後に告示された学習指導要綱でも初めて「ボランティア活動」が推奨されました．また，1997年には青年奉仕協会，大学教員，マスコミ関係者，ボランティア受け入れ機関によって『日本ボランティア学習協会』が，1998年には「日本ボランティア学会」が設立され，以降，活発に研究，学習会，交流会などを行っています．

○筑波学院大学　「オフ・キャンパス・プログラム」で学生が毎学年，学外でのフィールド活動をし，自分たちの社会力をつけ，地域の課題発見や課題解決を目指す．

○関西国際大学　2000年代半ばから地域で学生が関わるS-Lモデルを開発．学生は初年次から取り組み，学士課程全体にS-Lを展開し，地域と連携を計る．

○昭和女子大学　2005年に「コミュニティサービスラーニングセンター」を開設．コミュニティ・サービスやボランティア活動をサポート．地域の子育てネットワークを構築し，学生参加の地域子育てプログラムを展開．

○立命館大学　2008年に「サービスラーニングセンタ

ー」設立.キャリア教育科目と S-L 科目でカリキュラムにつなげ,地域・社会へのインターンシップやボランティア活動を企画・展開している.

複雑化・グローバル化した現代は,2012 年の中央教育審議会大学分科会の大学教育部会の審議のまとめから言葉をかりるなら,「予測困難な時代」であり,そこでは大学が「生涯学び続け,主体的に考える力を育成する」ことを求められています.そして,教育も「先生が教える」形から,「学習者が学ぶ」ことに軸足が移ってきています.学習者をエンパワーし,将来のリーダーシップを培う効果があるサービス・ラーニングや市民貢献活動を高等教育が積極的に取り入れてきているのは必然ともいえるでしょう.

Ⅳ.震災と ICU

2011 年 4 月に新学期が始まると ICU 生たちにも被災地支援の気持ちが高まり,5 月始めのゴールデンウィークには何十人もの学生が外部団体のボランティアとして被災地で瓦礫処理などに従事したと思われます.春学期の半ばには教員と学生の有志が WALL FOR 3.11 という会を開き,壁に貼られた紙に参加者がボランティア経験や情報を文字や絵で描き,気持ちや考えを共有しました.ロータリー平和奨学生や海外留学生たちも積極的にボランティアの機会を求め,その様子を動画でネットに紹介するなど,情報を拡散していきました.

学内の組織でいち早く,具体的な被災地支援に動いたのは高等臨床心理研究所です.震災直後に国際的ネットワークと協力して初動支援マニュアルを揃え,14 日には初動支援についての問い合わせと直接相談に応えるホットラインを立ち上げました.研究所の震災復興特別支援チームは

現地の専門家の研修支援，直接の心理支援に加え，教師や心理士向けの研修を支援しまた．9 月には宮城学院女子大学と ICU が共同プロジェクトとして震災復興心理・教育臨床センターを設置し，それ以来，研究所所員の派遣を続けています．

また，新入生リトリートで文化人類学の加藤恵津子上級准教授（当時）が震災にまつわるプロジェクトの設立を新入生に提案しました．その後，被災地でのフィールド・スタディ・グループを指導，福島県の新地町で 2012 年，2014 年の 2 回にわたり，現地調査や聞き取りを実施，ICU 祭で発表を行いました．2013 年には社会学の山口富子上級准教授（当時）が，福島県南相馬市の農業を視察するスタディ・ツアーを指導しています．

一方，S-L 科目では 2011 年春学期の授業で震災にふれ，サービス・ラーニング・センターは被災地でサービス活動を希望する学生の受け入れ先を探すなどのサポートをしました．その年の夏には 3 名の学生が夏期に被災地でサービス活動を行い，その後も数人ずつ，夏に被災地での活動をしてきています．また 2011 年秋の ICU 祭の S-L カフェでは「復興支援活動報告コーナー」を設置し，ICU 生の様々な復興支援活動を紹介しました．冬学期には「サービス・ラーニング特別研究 II」の授業で「東日本大震災と大学コミュニティ」をテーマにとりあげ，復興の現状，震災体験が私たちに喚起するテーマや課題を学術的に分析し，今後の展望を研究しました．例えば，大学や学生，教員が震災やそれを取り巻く様々な社会的課題を検討するために，右ページにある図 2（「3.11 が私たちに喚起するテーマ」）をたたき台とし，活発な議論を引き出しました．

この授業が発端となり，2012 年 3 月には ICU 関係者 41 名が宮城県の気仙沼大島で 3 泊 4 日の SINTAP（Service Initiative Network／Tohoku Action Project）復興支援活動を

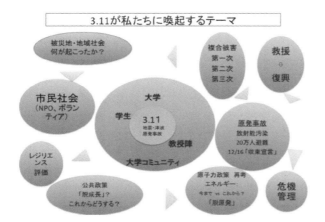

図2 「3.11が私たちに喚起するテーマ」(村上むつ子作成)

写真3 2012年3月に気仙沼大島で復興支援活動をするICUの学生たち(SINTAP提供)

写真4 2012年3月に気仙沼大島でICUの学生たちがカキ養殖の再開を手伝った(SINTAP提供)

行いました．1年生から大学院生まで37名，アジア，ヨーロッパそしてアメリカからの留学生，教員と家族が3名，大学牧師というICUらしい顔ぶれでした．

2012年から2013年になると，学内では震災や原発事故を学術面から捉える姿勢が具体的な形をとり，学内研究所が講演会やシンポジウムを以下のように活発に行っていきました．

- ○平和研究所「脱原発のための平和学」講演シリーズ（2012年11月・12月）
  「原子力の平和利用と核不拡散，核セキュリティについて」
  「原子力：その過去，現在そして未来――日本における新しい原子力規制機関に関する議論も含めて」
- ○社会科学研究所 シンポジウム「日本と世界は『核なき世界』の倫理を共有できるのか」（2013年9月）
- ○アジア文化研究所シンポジウム「東北のこれから――『復興』と『支援』を超えた未来のために」（2013年12月）

また，2013年には，学問的・個人的・あるいは信仰上の動機から，被災地のその後や原発事故に関わり続けているICU教員が，ゆるやかな連携ネットワーク，ACT (Actions of Concerned Teachers) を作りました．それに端を発し，2014年度秋学期には「リベラルアーツは震災・復興に対して何ができるのだろう」をテーマに，10名の教員・教育関係者が研究や思考の成果をリレー式にレクチャーし，学生と議論をするワークショップ・シリーズを開催しました（「はじめに」参照）．

2015年春学期には一般教育コース「『災後』の人間・社会・文化（Human, Society and Culture in Post-disaster Era）」

が新設されました．今後はこのコースが，毎年 ICU で学ぶ若い学生たちに震災や被災体験，原発事故や復興にまつわる公共政策，そしてボランティア活動や自分たちについて広範囲に考えるきっかけを提供していくことになったのです．

V．まとめ——震災と大学との関わりに見えてくる「大学と社会との関係」

　この章ではここまで，震災後，国内の大学や学生の行動をたどり，高等教育とボランティア活動，サービス・ラーニングを考察し，ICU での震災後の動きを振り返ってきました．このように見渡す中で浮かび上がってくるアジェンダの一つが「大学と社会」の関係であり，「大学の役割」です．

　大学の役割は，伝統的に「研究」と「教育」だと言われてきています．また，大学を大学たらしめるのはアカデミックなスカラーシップ（学識，学術性）だとされています．かつてはどの国でも大学はエリートを養成する機関であり，「象牙の塔」でもありました．が，社会が急速な構造転換をとげ，高等教育が大衆化してきた今，学問のあり方や教育，大学の役割についても論議がいろいろ起こっています．

　アメリカの大学でも常に学識（scholarship）を重んじてきました．が，そのアメリカの高等教育界も学識についての概念を 80 年代から大きく変容させてきました．そのきっかけになったのはカーネギー教育振興財団（Carnegie Foundation for the Advancement of Teaching）の理事長を務めていた教育学者アーネスト・ボイヤー（Ernest L. Boyer）が 1987 年にまとめた *Scholarship Reconsidered: Priorities of the Professoriate*（大学教授職の使命：スカラーシップ再考）

という研究報告です．そこでは高等教育のスカラーシップ，つまり学識がどうあるべきかを再検証したのですが，従来いわれているような研究活動だけでなく，以下の4つの学識のすべてを高等教育の現場で実践・促進していくべきだ，と提唱しました．

1）発見の学識（Scholarship of discovery）＝研究活動により新しい知識，知見を発展させる．
2）統合の学識（Scholarship of integration）＝学問分野の中でも，別々の学問分野の知識や情報を関連づけ，統合する．
3）応用の学識（Scholarship of application）＝それぞれの学問分野の研究成果や専門知識を学内外に応用する．
4）教育の学識（Scholarship of Teaching）＝教育する．

この考えはその後，全米の高等教育に広く影響を与えました．なかでも「応用の学識」，つまり，その時代の社会の課題に学問を応用し，結果的に新しい学識へとさらに発展させるのも最高学府の役割だとする考えは広く受け入れられました．ボイヤーはそれをさらに後年，「社会に積極的に関与する学問（scholarship of engagement）」という概念に発展させ，高等教育で奨励していきます．学問は社会との関わりを通して達成されるという考えです．それがアメリカの大学でS-Lやシビック・エンゲージメント（市民貢献活動）を活発に促していく要因の一つになっていきました．

日本では文部科学省が近年，大学による「地域連携」を奨めてきましたが，2010年には「地域や社会の課題を共に解決し，その活性化や新たな価値の創造への積極的な貢献が求められています」（文部科学省ウェブサイト，2013年）との表現もされるようになりました．

また，総務省では地域活性化の観点から，大学教員や学生たちが各地のコミュニティに入り地域に貢献する活動をしていることに注目し，2010年に「地域実践活動に関する大学教員ネットワーク」を立ち上げ，続いて実態調査を行い，財政支援をするようになりました．そして，このような活動を「域学連携」と呼ぶようになり，2012年度からは国費予算をつけて全国で「モデル実証事業」を推進，岩手県や宮城県の被災地での活動なども中に入りました．今後も大学生や大学教員が住民やNPOなどと共に，「地域の課題解決又は地域づくりに継続的に取り組み，地域の活性化及び地域の人材育成に資する活動」（総務省2014年）をさらに加速させるとのことです．

　大学も社会の変化や課題とは無縁ではいられない時代になったともいえるでしょう．同時に，大学も行政も民間，市民社会もそれぞれ単独では解決できない課題を前に互いに協働し，連携しあって取組み，一緒に公共の一部を担う──今日はそのような時代でもあります．この章で足早に見てきた，震災後の日本での大学や大学生の動きも，今の時代のありようを如実に示しているように思えます．日本の社会全体の被災経験を経て，大学と行政，大学とボランティア活動，大学とNPOなどの市民社会の相互関与など，様々なベクトルの協働作業が生まれました．震災体験，復興のプロセスの中であたらしく問われてきた「大学と社会の関係」はこれからも多角的に進展し，新しい姿かたちを見せてくれると思います．

Discussion Questions

(1) もし，関東に大きな震災が起こって，あなたが学生だったら，あるいは大学教員だったら，どのような行動を取りたいですか？
(2) 大学は，「社会」や「公共」にどのように関わるべきでしょうか？
(3) 自分が関わりたいボランティア（サービス）活動や社会貢献活動と大学でのアカデミックな学びは，どう結びつくと思いますか？

【参考文献】

伊藤滋ほか　2011　『東日本大震災　復興への提言——持続可能な経済社会の構築』東京大学出版会．
荻野昌弘・蘭信三編著　2014　『3・11 以前の社会学——阪神・淡路大震災から東日本大震災へ』生活書院．
加藤朗ほか／桜美林大学国際学研究所編　2013　『東日本大震災と知の役割』勁草書房．
小林功英ほか　2014　「災害ボランティア経験が持つ大学生へのインパクト（災害ボランティア経験が持つ大学生への教育効果）」広島大学 RIHE，No. 126，37-43 頁．
鈴木芳也　2011　「学生ボランティアがもたらす避難所への影響と機能性に関する研究——東日本大震災におけるA避難所運営補助ボランティアから」『東北福祉大学大学院総合福祉学研究科紀要』9，59-74 頁．
茶屋道拓哉・筒井睦　2012　「東日本大震災における学生ボランティア活動の教育的意義」『九州看護福祉 大学紀要』12(1)，25-37 頁．
ジョン・デューイ　2007　『学校と社会』岩波書店．
長沼豊　2003　『市民教育とはなにか』ひつじ書房．
三野博司編著　2012　『大学の現場で震災を考える——"文学部の試み"』かもがわ出版．
三好千春ほか　2013　『3.11 以後何が問われているのか』南山大学社会倫理研究所．
村上むつ子　2011　「サービス・ラーニングの新しい潮流——『学問性』と『社会の関わり』」上・下『教育学術新聞』第 2434 号，3 頁；第 2435 号，3 頁．
村本邦子・中村正　2015　『大学院におけるサービス・ラーニングを取り入れたプロジェクト教育の試み——「東日本・家族応援プロジェクト 2011 〜 2013」の成果と課題』立命館大学大学院応用人間科学研究科．

山下祐介・菅磨志保　2002　『震災ボランティアの社会学——〈ボランティア＝NPO〉社会の可能性』ミネルヴァ書房.

Boyer, E. L.　1990　Scholarship Reconsidered: Priorities of the Professoriate. The Carnegie Foundation for the Advancement of Teaching.〔有本章訳『大学教授職の使命——スカラーシップ再考』玉川大学出版部，1996 年〕.

Bringle, Robert G., Hatcher, Julie A.　1996　"Implementing Service Learning in Higher Education," *Journal of Higher Education, Vol. 67, No. 2*, pp. 221-239.

総務省「『域学連携』地域づくり活動」　http://www.soumu.go.jp/main_sosiki/jichi_gyousei/c-gyousei/ikigakurenkei.html

文部科学省「地域と共生する大学づくりのための全国縦断熟議　趣旨」　http://www.mext.go.jp/a_menu/ikusei/daigaku/1331888.htm

「ROAD プロジェクト足湯ボランティア」　https://www.facebook.com/photo.php?fbid=487574581318258&set=pcb.487574717984911&type=1&theater

【文化人類学／Cultural Anthropology】

第2章
コミュニティ防災の中心と周辺
―― タイ・パンガー県タクワパー郡の事例から ――

西田昌之

> この章では，文化人類学から震災・復興へアプローチする一例を紹介します．文化人類学は19世紀末から20世紀初頭にかけて，「異民族」社会の「異文化」を研究する学問として始まりましたが，今日ではあらゆる社会・文化が研究対象となっています．長期のフィールドワーク（現地調査）を特徴とし，中でも，現地の人とともに暮らすことによってその人々から見た世界観，価値観を探る「参与観察」は，インタビューと共に調査法の両輪とされます．そして「異文化を自文化のように」理解しようと努めつつ，「自文化を異文化のように」距離を置いて見ることで，人類文化の共通点と相違点を探ります．「災害文化」という切り口からタイ（と日本）を分析するこの章を通して，震災・復興という，人類に普遍的な事象に対し，この学問が果たす役割と限界を考えてみましょう．

[Key Words: 災害人類学，コミュニティ防災，災害文化，中心と周辺，防災組織]

●文化人類学とは

　文化人類学とはなにかを解説するためには，まず文化人類学の研究者が問題を発見した時にどのように行動するかを説明するのが良いかと思います．

　たとえば目の前に泣いている人がいるとします．文化人類学者はその人がなぜ泣いているのか，どのようにして泣かなくてはいけない状況に陥ってしまったのか，泣くということがその社会でどのような意味を持つのかなど，その個人と周囲の文化・社会環境とのかかわりについて問いを立てます．

次に「なぜ泣いているの？」とそばに行って話を聞きます．泣いている人がその理由を話してくれるのであれば，それを記録します（聞取り）．さらに泣いている人の傍に寄り添って長期間様子を観察します．どのような家庭環境，人間関係，社会のしくみがその人に苦しみを与えているのか，泣いている人に対して周囲の人たちがどのような反応をしたのか，一緒に生活をする中で記録していきます（参与観察）．そして，聞いた話や観察して得た情報を手掛かりに文献にあたり，その人を泣かせたしくみと周囲の環境の反応についての法則を導き出します．

つまり文化人類学とは，当事者に直接話を聞く聞取りと，長期間一緒に生活をしながら観察をする参与観察の手法を用いて，当事者の視点から個人や小集団の行動のしくみを総合的に理解しようとする学問であり，非常に多岐に渡るテーマの研究が行われています．

今回注目する災害を対象とする文化人類学は，災害人類学と呼ばれています．この分野は文化人類学のなかでも特に新しい分野といえます．その始まりについて，文化人類学の二つの潮流から説明していきたいと思います．一つは文化人類学の現代社会に対する関心の高まりという潮流，もう一つは文化人類学を積極的に社会のために利用していこうとする，応用人類学の潮流です．

第一の潮流である，現代社会に対する関心の高まりについて述べていきましょう．19世紀後半に西欧社会で生まれた文化人類学は，人間の基礎的な思考，行動様式を理解するために，より単純な社会構造を持つと考えられていた発展途上国の社会に注目して研究が行われてきました．しかし，発展途上国の社会の理解が深まり，文化相対主義・多元主義的思考[1]が導入されることで，「社会は発展の果てに先進工業国へと向かう」という一元的な社会発展の考え方が改められ，それぞれの文化的，歴史的経緯に基づく様々な社会発展の形が認められるようになりました．また途上国の近代化に伴って，途上国社会の都市化と複雑化が進んだことで，文化人類学の発展の方向性は大きく変更されました．現在では文化人類学の理論の蓄積とその手法を用いて，先進国を含めた現代社会にも着目し，例えば移民，ギャング，オタクといった自国内の異文化集団や個人への，聞取りや参与観察を行う研究が増加しており，もともと現代社会の課題に関心を払ってきた社会学や，現代社会の逸脱集団への興味から出発したカルチュラルスタディーズなどの学問領域と重なり始めています．

次にもう一つの潮流として，文化人類学の知見の社会的活用を求める，応用人

類学の潮流があります．文化人類学はそもそも，帝国主義時代に植民地支配のための道具として植民地社会の社会理解のために利用され，その後，批判されてきた経緯があります．そのため，社会活用という意味では応用人類学の流れは古い起源を持つものといえます．しかし，基本的にはこれまでの文化人類学では，研究者は，観察者として観察される対象の活動の外にありました．近年，文化人類学研究を通して研究者が観察対象に与えてしまう影響が無視できないとして，研究者の中立性・客観性への批判が行われ，観察対象である社会からも，文化人類学の成果の社会に対する貢献が要請されるようになりました．それに呼応して，「関与的人類学（Engaged Anthropology）」や「協働的人類学（Collaborative Anthropology）」といった応用人類学分野も生まれており，文化人類学者が観察対象の社会の変革に対して積極的な役割を演じつつ，研究が行われるようになってきています．

　災害人類学は，この二つの流れを汲みつつ，新たに生まれる文化人類学の学問的課題と，社会貢献への社会的要請の狭間で発展を続けています．一方では被災者や災害支援者の視点に立ち，被災した人々の行動や心情を分析し，長期にわたって被災社会の環境（不）適応の状況を克明に記録します．さらに一方で，研究で得られた知見を用いて，被災者と被災地域内の構造を解明し，現在そして未来の問題解決のために，社会に応用してゆく道を地域社会と一緒に，積極的に模索することが必要とされています．

1）文化相対主義（Cultural Relativism）とは，ある文化に属する形態や行動が，他の文化に対して価値的に優越すると考える民族中心主義（Ethnocentrism）に対して，すべての文化の形態や行動の価値に優劣はないと考える立場をいいます．もともとフランツ・ボアズ（1858-1942）とその後継者たちの個別主義（Particularism）に関する研究を通じて，人間には生物的特性による差違はほとんどなく，社会の発展の違いは，歴史的経緯が大きな意味がもつことが主張されたことから発展しました．
多元主義（Pluralism）とは，すべての社会が一つの終着点（ゴール）に向かって発展するものではなく，様々な経路と終着点を持って発展しているとの認識から，社会の多様なあり方を認める立場をいいます．アルジュン・アパデュライ（1949-）などが，グローバリズムと絡めて多元主義について魅力的な議論を展開しています．

I．はじめに

　東日本大震災は，「想定外」という言葉で代表されるよ

うに，今まで安心，安全の象徴であった科学技術と近代的な社会システムに対する不信という大きな爪痕を残しました．その一方で，地域コミュニティの持つ災害への対応力が注目されることになりました．たとえば，『釜石の奇跡』と呼ばれた釜石市内の小中学校生たちの避難行動は，地域文化としての「津波てんでんこ」と共に震災後に注目され，普及が図られています[2]．想定外の事態に際し，通常の安全システムが機能しない時でも，最悪の事態に陥らないようにレジリエンス（弾力性，回復力）の高い地域文化を持ったコミュニティを創り出すことがさらに求められてゆくことになりました．

2）津波の際に個々人でばらばらに逃げることを勧める岩手県三陸海岸の津波避難慣習のこと．

　災害に関わる文化は，「災害文化」や「防災文化」と呼ばれています．一般的に「災害文化」というと，災害を防止するための慣習的行為や石碑，伝統技術などといった「伝統性」を有したものを例示して語られることが多いのですが，災害文化の内容を深く見つめる時，現代的生活をしている私たちの「日常生活における災害に対する知識や理解」，「規範的行動」，そしてその「知識の継承，再生産のプロセス」という，より広い社会的文脈の中において「災害文化」を理解する必要があります．初期の災害文化の研究者であるヘンリー・C・ムーアは「災害サブカルチャー」の用語を用いながら研究を進め，ウェンダーらの著書の中で次のように述べています．災害文化とは規範，価値観，信仰，知識，技術，伝説などの形を取った文化的防衛の集合であり，それは「かつて被災したり，もしくは将来被災したりすることが分かっている災害に対応するために，地域に住む人々が用いる現実的，潜在的，社会心理的，物理的な適応」である，と（Moore［1964: 195］，Wender and Weller［1973: 1］）．ムーアもまた災害文化を，過去の伝統文化としてではなく，現在を生きる人々の思考，行動様式として捉えています．

この災害文化を維持し，継承していく媒体として，今，地域コミュニティが注目されています．地域コミュニティにおける災害文化の再発見と活用のために，大学などの研究機関では災害文化に関わる研究組織が創設されるなど，災害文化は，災害に対する一つの対応のあり方として広く受け入れられつつあります．しかし他方で，実際に地域の社会システムの中に受容し，活用していくためにも，災害文化と地域の人々が行うコミュニティ防災が無批判に美化されることは許されません．十分にその利点と欠点を理解し，検討してゆく必要があります．

　この章では，2004年12月26日に発生したスマトラ沖地震津波によってタイで最大の被災地となったパンガー県タクワパー郡バーンナムケムと，その周辺の被災者コミュニティに注目します．私は2013年12月から2014年7月までに二度にわたって同地に住み込み，合わせて3か月間，地域コミュニティの防災活動と意識について参与観察とインタビュー調査を行いました．その記録を基に議論を進めたいと思います．

　バーンナムケムは，津波被災後に外部から多くの支援を受け，コミュニティによる防災文化の形成を推し進めていきました．特にコミュニティのリーダー層は，避難所の中で被災者同士の自助グループを設立して，住民の自律的復興と防災の意識を高め，その後，そのグループを民間災害ボランティア団に改組して，「防災」をコミュニティアイデンティティにまで高めていきました（Nishida [2014] 参照）．

　しかし私は，この輝かしい成果と同時に，コミュニティの周辺に排除されてしまった人がいることも調査の中で目にしました．本章では，このコミュニティ防災から排除されてしまった人々の行動と声にも耳を傾けることで，コミュニティ防災を多角的に検討してみたいと思います．

まずは復興の中で,「最大の被災地」から,「防災拠点」に変貌したバーンナムケム中心部の状況を述べます.その後,バーンナムケム周辺の復興住宅やタクワパー市でのインタビューを通じて,バーンナムケムの災害文化を共有できなかった人々の語りと,コミュニティを利用しない慈善団体による防災行動に目を向けます.そして最後にこれらの議論を通して,多層的な地域防災の必要性について考えてみたいと思います.

II.研究

1.防災でつながる災害後のコミュニティ

2004年12月26日に発生したスマトラ沖地震津波は,インド洋沿岸国で甚大な被害をもたらしました.インドネシアではアチェ州を中心に30万人,タイでも6000人を越える死者が出ました.タイ・パンガー県タクワパー郡バーンナムケムでは,住民のおおよそ4分の1となる1000人が亡くなるという大被害地域となりました.

この大きな被害につながった理由の一つとしてバーンナムケムが津波を知らない移民によって作られた集落であったことが挙げられます.歴史上は紀元後2世紀からインド洋(アンダマン海)に面した錫(すず)交易の都市タコーラーの港湾として栄えた記録があり,集落内には遺跡も残っていますが[3],1970年頃には当時からの住民はおらず,モーケンと呼ばれる海洋民が小集落を形成しているに過ぎない土地であったとされています[4].当時,タイ人や華僑の大部分は10キロほど内陸にあるタクワパー市に住み,錫鉱業を営んでいました.しかし,1978年頃に海底に堆積している錫が注目され,海底掘削船が導入されて,錫採掘がはじまると,急激にバーンナムケムの人口が増加しました[5].タイ全土,ミャンマーからも鉱山労働者がこの小

3) タクワパー郡はギリシアのクラウディオス・プトレマイオスの文献の中でタコーラー岬として記載されています.当時タクワパー川は舟での遡行が可能であり,アンダマン海とタイ湾側の都市スラートターニーをつなぐ交易ルートとなっていました.

さな村に集まり，集落は最盛期には日中人口が1万人を超え，海岸に面して人口密度の高い集落が形成されていきました．しかし，1986年以降，錫の国際価格が急落し，錫採掘が衰退すると，多くの住民は漁業や観光業に転職しました．この影響で集落の人口は激減しましたが，津波襲来時にはまだ4000人を超える人々が生活していたとされています．

この移民によって構成された集落では，津波に対する知識を持っている人はほとんどいませんでした．津波の発生前の引き潮の際にも，珍しがって海岸に出て見に行ったために多くの人が津波に呑みこまれました．南部の海浜から徐々に押し寄せる津波を見て，村に電話で避難するように伝えようとした人もいましたが，「浜が洪水になっている」という言葉に，津波の持つ危険性を理解できた住民はいませんでした．

一方，同じアンダマン海沿いに住んでいるモーケンという少数民族は「ラブーン」と呼ばれる伝説的な津波に関する知識を受け継いでいました（Narumon [2008] を参照）．彼らは異常な引き潮が津波の前兆現象であることを見抜き，観光客や近隣住民を高台に避難させ，未然に被害を防ぎました．スマトラ沖地震津波では，この災害文化を持っていたインド洋沿岸の少数民族が数多く新聞やテ

4）モーケンは，アンダマン海のミャンマーのメルギー諸島からタイ・プーケット沿岸部に住む少数民族であり，ミャンマー側2000人，タイ側に800人が住んでいます．所在地と言語によって，モーケン，モーグレーン，ウラク・ラウォイッの三つのサブグループに分かれます．それぞれに津波神話をもちますが，津波の名称が異なり，モーケンでは「ラブーン」，ウラク・ラウォイッでは「ウマーン」と呼称されます．

5）当時施行されていた仏暦2510（1963）鉱山法および仏暦2516年（1973）改正鉱山法において，海底鉱区は5万ライという広大な範囲の採掘許可証を申請することができました．一方，陸上の鉱区は300ライまでしかできませんでした．これは海底鉱区には土地所有権や森林保全の問題がなかったので，広大な領域に許可証を発行しやすかったという理由からでした．そのため有望な海底鉱区には多くの投資が集まりました（Oratai [2526: 87] を参照）．

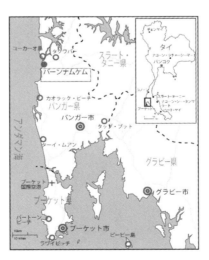

図1　調査地の地図

写真1 2004年12月26日津波被災時のバーンナムケム集落内の様子(ブーンヤリット・タワラスーク氏提供)

レビニュースで報道され,災害を防ぎきれなかったタイの近代社会に対するアンチテーゼとして取り上げられました.

多くの被災者を出してしまったバーンナムケムではこの動きに対して,被災後,近代技術や外部の支援をうまく取り込みながら,地域コミュニティが中心となって新しい災害文化の創出に向けて歩みを進めることになりました.災害後のバーンナムケムはその被災者数の多さもあり,タイにおける支援活動の中心地となりました.国際支援団体のオフィスも数多く建てられ,タイの被災地を訪問する国内外の要人が必ず立ち寄る象徴的な場所として選定されていきました.2005年にはタイ首相タクシン・シナワットをはじめ,元アメリカ合衆国大統領のビル・クリントンやジョージ・W・ブッシュなどといった重要人物が訪問しました.このような事情もあり,バーンナムケムはタイの津波復興の象徴として集中的に復興資金とプログラムが投入されていくことになりました.

また被災した被災住民グループの内部に目を向けてみる

と，時よろしくプロジェクト運営の才覚に秀でたリーダーたちが住民の中から輩出され，被災後に住民たちの「自らの集落への貢献」や「防災の向上」を願う声を取りまとめて，外部の支援の受け皿となる住民団体「バーナムケム被災者連絡センター」を自主的に設置して行きました．その後，このセンターは，正式隊員80名，保健員40名，ビルマ人協力者20名による自主防災組織バーナムケム民間防災ボランティア団に組織化されていきました．

写真2　内務省でのバーナムケム民間防災ボランティア団の授賞式（マイトリー・ジョングライチャック氏提供）

写真3　バーナムケム津波追悼公園での第8回追悼式典（西田撮影）

「最大の被災地」から，「防災拠点」に変貌したバーンナムケムでは，「防災」が地域コミュニティの価値システムの中に組み込まれていきました．毎年津波追悼公園では追悼式典が行われ，村の小学校では防災訓練が行われています．村の至る所で日本語から借用したタイ語である「Sunami」の文字を目にすることができます．さらにタイ全土で災害が起きた際には，この集落の災害ボランティアが応援出動を行い，タイのコミュニティ防災のモデル村としてタイ内務省から表彰を受けるまでになりました．これによって「防災」は村の名誉として認識されるようになっています．まさに「津波」と「防災」は，現在ではこの集落を語るのに欠かせないシンボルとなっています．彼らの日常生活の中で，「防災」は，単に「災害に備える」という機能を越えて，いまや新しいコミュニティの結束点，あるいはあるべき村民の意識・行動の模範としての役割を担っています．

2．復興に乗り遅れた人々

　輝かしい復興を遂げたバーンナムケムから周辺に目を向けてみましょう．バーンナムケム郊外には，津波被災後に高台移転した人々の復興住宅が残っており，またさらに十数kmほど先にはバーンナムケムより大きな都市であるタクワパー市があり，この町にも被災後に移り住んだ人たちがいます．バーンナムケム中心部の住民が，土地や漁船を持つ漁師，船主，水産業従事者を中心とした，海辺に住まざるをえない人々であるのに対して，復興住宅の居住者の多くは，海岸部で立ち退きを求められた住民や，海岸部で働けなくなった高齢者世帯や貧困者などです．

　復興住宅は，被災1年後から内陸の公有地に，企業や援助団体の支援によって建設されました．津波被災者は政府財務局に20年間の契約で土地を借りており，低額の土地

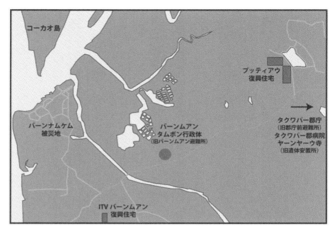

図2 バーンナムケムとその周辺の地図

写真4 ITVバーンムアン復興住宅（西田撮影）

代を支払うものの，建物は無料で提供されました．分譲の手続きは，被災者として認定を受けた住民に対して，書類による申請に基づいて行われました．建物は数世帯が連結された長屋のようになっており，5人ほどの世帯を基準に2つの部屋とトイレとキッチンが設置されました．天井は一枚のトタン屋根で隣の家と繋がっているので，夜に寝ていると子供の声や家族や夫婦の会話，雨音などが反響して聞こえてきます．生活をするには十分ですが快適とは言えない住居です．入居者はそれでもエアコンやテレビを入れ

たり，新たな間仕切りを作ったりして工夫して住んでいます．

　復興住宅の住民とのインタビューによると，この復興住宅を手にすることができた人は，バーンナムケム海岸部で津波に被災して住居を失い，かつ役所で適切な書類の申請を一定期間内に終えることができた被災者でした．形式上は適正なものではありましたが，この申請には住民の間では多くの問題があったと言われています．被災前のバーンナムケムでは一軒の家屋に住む家族の構成員が多く，通常複数世帯によって構成されていたために，一家族に対して一つの復興住宅では小さすぎ，世帯を分けて複数の復興住宅に申請することになりました．そのため複数の住宅を所有できた家族がいた一方，まったく住宅が所有できない家族も出ました．特に海岸部で借家住まいをしていた人々や有力な後見人を持たなかった人々，ビルマ人不法労働者等にはこの住宅が提供されることはありませんでした．また書類不足で手続きが完了しなかったり，地元の有力者から必要な書類を発行してもらえなかったりしたこともあったといいます．

　この復興住宅を得た社会的信用のある家族と，復興住宅を得られなかった家族との間では，その後の生活の再建に大きな差が見られます．復興住宅を得た財力のある家族は住宅に一定期間住んだ後で，新規住宅を他の場所に再建し，住居がもらえなかった人々に復興住宅を格安の住宅として売却，賃貸をすることで収入としています．住宅がもらえなかった人々は毎月 2000 バーツほどの家賃を支払いながら，細々と生活をしています．ここには，もともと地域コミュニティで正式なメンバーとして認められていた人々が，被災者認定においても住宅のもらえる「正当な被災者」となって早期の生活再生が促され，一方でコミュニティの外に置かれていた人々が「正当な被災者」となれず

に，借家人として郊外の復興住宅に取り残されてしまうという二つの姿があります．

この借家住まいをしている人々からは，被災者として認定された者への妬みや，復興への協力が少ない政府への憎しみがインタビューのなかで，はしばしに現れます．「わたし達も被災者なのになぜ政府は助けてくれもせず，家賃を払わされ続けるのだ」「被災者認定の時に地元の実力者の友人がいなかったのが悪かったのだ」「バーンナムケムでは漁師の一族だけが補償金をもらっているのだ」「村長は何もしてくれなかった」などのように，復興住宅の中ではさまざまな妬みや噂が真偽入り交じって語られます．もちろん誰も真実は判りません．しかし，この両住民の溝は深く，調査をしている者に対しても，バーンナムケム側からは「理解しがたい嘘をつく者がいるので耳を貸さないように」と注意され，復興住宅側からは「本当の被災者の話を聞きたかったら，バーンナムケムに行ってはダメだ．この復興住宅に来るべきだ」といわれて面喰ってしまうことになります．

多くの悪意ある言説から解釈できるのは，復興住宅の人たちもほとんどがバーンナムケムの出身者なのですが，被災後に異なる扱いを受けたという集団の記憶によって，二つのコミュニティに分裂してしまっているらしいということです．つまり，復興住宅コミュニティでは，今もなお被災後の貧困の中で苦しんでいる自分たちの現状とその経緯の記憶が被災者として認定されたバーンナムケム中心集落に対する妬みや政府への恨みの意識を生み出し，さらに逆説的に，社会から疎外されているがゆえに自らを「真の被災者」として再定義し，もともとの集落とはすっかり分離してしまった新たな被災者コミュニティを形成したといえます．

バーンナムケムと復興住宅の距離はわずか数kmですが，

復興住宅には，バーンナムケムに顕著に見られるような防災に関する自主活動は見えません．海岸部から大きく内陸部に入っており，津波の被害地域から離れてしまったということが，防災活動の必要性を薄れさせてしまったひとつの理由として挙げられるかもしれません．しかし，実際は彼らの仕事場の多くが海岸部にあるのですから，防災の必要性が無いわけではありません．おそらくはそれ以上に，復興住宅のコミュニティ自体が低家賃住宅化してしまい，地域政治的，経済的にも弱い人々が安い生活の場を求めて集まってしまったために，バーンナムケムのような強力な政治力をもつリーダー層を生み出せず，外部からの資金やプロジェクトを引き出せずいることが理由としてあげられます．バーンナムケムの民間防災ボランティア団は，外部の政治力，資金力と村民の津波の被災経験，ボランティア精神をうまく結び付けて発展した，卓越した村落プロジェクトでした．それに対して，優秀なリーダー層を輩出できない復興住宅の人々は，津波被災経験やボランティア精神はあっても，その後の防災復興活動と十分に結びつくことができない状況にあります．コミュニティ防災手法では，コミュニティから一旦除外されてしまった人々を防災活動に参加させることはできないということがわかります．

3．コミュニティに頼らない防災組織

　しかしながら津波の経験は，被災地域の周辺の人々の防災に関する関心を高めたということは確実なようです．この地域においてバーンナムケムのコミュニティ防災は非常に有名になりましたが，ここ以外の周辺地域では，地域コミュニティが中心となる防災組織がそれほど発達しませんでした．むしろ災害後に，政府や財団，NGOなどの地域コミュニティ以外の組織を基盤とした防災組織が成立していきました．その一つとして，災害後にタクワパー市内に

写真5 パンガー県タクワパー市内の明雲善壇本部(西田撮影)

設立された華僑系民間レスキューの明雲善壇の例を見ていきたいと思います.

バーンナムケム郊外の都市タクワパーは,錫採掘によって栄えた歴史ある内陸の都市で,津波被災時には被災者の受け入れを行い,多くの避難所が設置されました.その救助活動の中で地域の若者たちがレスキューへの関心を強めることになりました.2006年救急救命活動を行う目的でタクワパー市内に明雲善壇が結成されました.この団体はタクワパー市民の寄付によって運営されており,2012年には18歳から40歳程度までの若者56人が参加しています.

善堂とは,中国系の慈善団体組織の一般名称であり,もともとは清朝末からタイ華僑の故地である中国南部潮汕地域で広まった宗教的慈善結社です(片岡 [2015],および志賀 [2008] を参照).事故や自然災害の際に人命救助,病院搬送,遺体回収等を行い,また貧困者の救済や葬儀などを慈善活動として行う専門的ボランティア集団で,現在ではタイの救急救命システムの一端を担っています.大規模な組織では,バンコクを拠点にした華僑報徳善堂や泰國義徳善堂などがあり,全国ネットワークを形成しています.ス

写真6　明雲善壇の救急車(西田撮影)

　マトラ沖地震津波の発生時には，タイ全土から善堂のボランティアが集まり，救急救命と遺体捜索活動を行いました．

　明雲善壇はパンガー県で唯一の土着の善堂として活動をしていますが，明壇（サワーン）のレスキューネットワーク（全国86団体）に加入し，救命器材などを貸与してもらいながら活動を開始しました[6]．資金は非常に少ないのですが，バーンナムケムの民間ボランティア団と同様にバンコク，チュムポーン，グラビー，プーケット，トランなどに救援出動を行っています．

　明雲善壇の本部の様子は，若者たちのたまり場のようでもあり，本部周辺に友達数人で歓談をしながら詰めています．張り詰めた感じはなく，友達付き合いや怖いもの見たさのような雰囲気があります．しかし，社会的使命の下で活動しており，隊員は毎年3日間の救命講習を受ける義務があるほか，普段から救命訓練を独自に行うなど，地域の救急救命活動の要として活動を行っています．

　通常の主な活動は，交通事故や急病人が出た際の病院搬送であり，幹線道路の傍に救急車に改造したバンを待機させ，出動に備えています．タクワパー市，バーンナムケム

[6] パンガー県には他に華僑報徳善堂の支部も存在します．

写真7 2013年7月4日,タクワパー郡バーンムアン地区の洪水(西田撮影)

写真8 バーンナムケム民間ボランティア団と警察が避難誘導,対岸では明雲善壇が避難誘導を行っていた(西田撮影)

を含むパンガー県内の救急救命は,こういった民間ボランティアレスキューの連携によって運営されています.傷病人が発生した時,日本の119番にあたる1667番に電話をかけると,全国的な救急救命電話ネットワークであるナレントーンセンターにつながり,無線を通じて最寄りのレスキューの無線センターに連絡されます.出動依頼を受けたレスキューチームは,圏内であれば無料で搬送することになっています.明雲善壇はタクワパー病院を中心にタクワパー近郊を搬送範囲にし,それ以外は別のレスキューチー

ムが担当しています．また大規模災害時には，警察や消防署などの政府機関や他所のレスキューチームと連携して対応しており，バーンナムケム民間防災ボランティア団や近隣慈善団体，NGOのレスキュー団体と共同して交通整理や警戒に当たっています．

　また明雲善壇では，災害に関連するタイ華僑の宗教文化との関連も見出すことができます．詰所には中国祠堂（廟）が付設されており，祠堂の正面から左手には宋大峯祖師，右手には観音，中央に八大仙の像が置かれています．特に大峯祖師は善堂の救民活動の原点として，重要な意味を持っており，大峯祖師自身は宋代末に潮陽和平鎮で救民活動を行った中国の善僧だとされています．その後，19世紀末に潮汕地域でペストや戦乱が多く発生するようになると，救済者として大峯祖師を崇める宗教団体が民衆の間で知られるようになり，各地に祠堂を建て，救民活動を行うようになっていきました（志賀［2008］を参照）．大峯祖師信仰においては，救急医療，身元不明遺体の埋葬，消防などの公共サービスを提供することが宗教的な功徳になるとして奨励されています．

　さらにこの慈善団体の集団の宗教性は，扶鸞儀礼と呼ばれる降霊儀礼にもあります．祭壇の脇には神輿，剣，二股の木棒（乩筆）が保管されており，これらの道具を用いて大峯祖師の啓示を受ける事ができると信じられています．善堂の副リーダーのインタビューによると，剣を携えて神に祈ると，乩筆に大峯祖師が下りてきて，神意を砂盆に中国語で書いてくれるといいます．また災害時に遺体が見つからない時，この乩筆の二つの枝を持って歩くと遺体のあるところで下がり，遺体のありかを指し示してくれると信じられています．ただし，明雲善壇における宗教性はこの組織全体を特徴付けるものではありません．善堂への入団の際にはこの祠堂において入団式を行っていますが，現

写真9　廟に祀られている宋大峯祖師の像（西田撮影）

写真10　扶鸞儀礼に使用する剣と乩筆（右）（西田撮影）

在はすべての宗教を受け入れているために入団式は参加しなくてもよいことになっています．公共的な慈善団体の活動として，いかなる信条においてもレスキュー活動に参加できるように門戸を開いています．

このように津波被災後には，コミュニティに関わらない形態を持つ防災組織もまた新設されました．タイの地域防災の中では，バーンナムケムのようなコミュニティ防災組織や善堂のレスキュー組織のような集団が，それぞれに地域防災のシステムの一部として柔軟に組み込まれており，通常時には相互に役割分担をし，大災害時には連携しながら活動しています．また，この連携によって人々の震災経験やボランティア意識を多層

的に組み上げ,コミュニティ防災の抱える問題を補うことができるように工夫されています.

4. 防災・復興の多層的連繋に向けて

さてこれまでの議論から,今後の防災・復興を分析するためのレッスンを導き出してみたいと思います.東日本大震災においても,いかに復興しようとも被災者は終わることのない悲しみを抱え続けていくことになります.それはスマトラ沖地震津波の被災者が持ち続けている感情と一緒だと思います.しかし,これらの感情は方向づけによっては新たなコミュニティを形成し,災害文化を形成していく上での原動力となることもあります.コミュニティ自主防災,復興などといった明るい形を持つのか,それとも喪失感,妬み,貧困などといった暗い形を持つのか,それはコミュニティの置かれた立場や地域リーダーによる動機づけによって異なっていきます.バーンナムケムのように,地域リーダーのエンパワーメントが積極的に行われ,地域住民の自主的なプロジェクトの実施や外部者との交流など,失望しない働きかけが行われるのであれば,「最大の被災地」から「防災拠点」へと価値の転換を伴う復興の形が現れてくるのではないでしょうか.

しかし,ここには支援資源分配の不均等という難しい問題も含まれています.実際の復興支援や生活再建では,有名な被災地や,もともと社会的に認められた人々(いわゆる「適切な被災者」)に支援や資金が集中します.これは支援者が震災時の稀少な資源を適正に分配することやドナーへの説明責任を果たすことを心掛けるほどに,被災前から身元の保証が不確かであったり,税金の未払いがあったりする社会的な弱者が支援の対象から除外されてしまうからです.このような,「適切」といわれる処置による負の影響を少なくするためにも,一つの判断基準に寄らない多層

的な価値基準による支援が望まれます．そのためにも災害復興というものが，価値観の異なる政府組織，コミュニティ，宗教組織，大学組織，NGO など多くの視点から行われることが求められているのです．

　このタイの事例からは，地域防災の形成には，地域コミュニティにのみ防災機能のアクターとして活躍を求めるのではなくのではなく，地域によっては外部の組織やさまざまな内部組織と連携しながら多層的に形成していく必要性が見えてきます．特にコミュニティとのかかわりが弱く，冒険心，自己実現，自己犠牲への願いを満たすことを求める若者は，多くのコミュニティ型の組織では理解しがたい異質なものとして排除される関係にあります．しかし異質な動機であっても若い彼らの力は地域防災の原動力として地域の中に包摂されてゆくべきでしょう．そのため明雲善壇のように都市部で若者のグループを作り，グループを通してコミュニティと連携して災害時活動を行ってゆくというのも一つの考え方です．

　東日本大震災後に，外部からの多様な支援を受け入れることのできる力，すなわち「受援力」の強化が求められるようになりました．タイの地方行政は，日本に比べて防災警報システムや制度の面では劣りますが，多層的な組織を地域防災にうまく包括して運用していく柔軟性に関しては見習うべき部分があります．さまざまな組織を受け入れていく「受援力」を持った災害文化の創造が，タイそして日本で，災害復興の格差を少なくするために望まれます．

Discussion Questions

(1) 被災地で研究者が調査をしようとしても，調査自体が被災地の人に望まれていないかもしれません．調査の倫理性と学術的重要性とのバランスをどのように考えますか．
(2) 支援の格差の問題をどのように解決してゆくべきでしょうか．
(3) 日本の地域防災において，政府組織，NGO，宗教組織，住民組織との連携にはどのような利点と欠点がありますか．また，連携はどのように進めていくことができるでしょうか．

【参考文献】

片岡樹　2015　「タイ国における中国系善堂の宗教活動——泰国義徳善堂に見る中国系宗教とタイ仏教」『東南アジア研究』第52巻第2号，172-207頁．

志賀市子　2008　「中国広東省潮汕地域の善堂——善挙と救劫論を中心に」『茨城キリスト教大学大学紀要人文科学』第42号，197-217頁．

Moore, Harry E. 1964 *... and the Winds Blew*, University of Texas.

Narumon Arunotai 2008 "Saved by an Old legend and a Keen Observation: the Case of Moken Sea Nomads in Thailand," *Indigenous Knowledge for Disaster Risk Reduction–Good Practices and Lessons Learned from Experiences in the Asia-Pacific Region*, UN/ISDR Asia and Pacific, 73–8.

Nishida, Masayuki 2014 "Creating Disaster Culture—A Case of Nam Khem Village in Southern Thailand," *Journal of Asian Cultural Studies* (40) 79-100.

Oratai Aunskul B.E.2526 [1983] *Naew hang kan phattana phuen thi thi phan kan tham mueang laew:Sueksa karani amphoe takuapa cangwat phang-nga* [*Development Guidelines for Abandoned Mine Land: Case Study of Amphoe Takua Pa Changwat Phangnga*], Chulalongkorn University.

Weger, D. E. and Weller, J. M. 1973 "Disaster Subculture: The Cultural Residues of Community Disaster," *Disaster Research Center Preliminary Paper*, vol. 9. Columbus, Ohio: The Disaster Research Center, Ohio State University.

付記：本内容は科学研究費補助金（研究活動スタート支援（4820040）：2012-2013年）を受けた調査の結果を使用しております．

【民俗学＆自文化人類学／Folklore & Anthropology at Home】

第3章
女将さんの引きだし
―― 民俗知・人生・意志の交差点としての「被災者」――

加藤恵津子

> 　自国内の文化を調査する，民俗学という学問分野があります．これに加え，もともと異文化を調査する学問だった文化人類学において，近年では同じ手法による自文化の研究も盛んに行われています．この章では，民俗学と文化人類学の相違点と共通点を概観しつつ，現地の人々の日常生活や考え方に最大の関心を寄せるこれらの学問が，震災・復興にあたりどのような役割を果たせるのか，ある一人の方の語りを通して考えてみましょう．

【Key Words: 民俗知，ライフヒストリー，語り，主観，「被災者」】

● 自文化を知る：民俗学，および自文化人類学とは

　自分の文化をよりよく知りたい，という動機に基づく学問として，「民俗学（folklore）」と「自文化人類学（anthropology at home）」があります．
　「民俗学」は19世紀末のヨーロッパで誕生した，人々の慣習的文化を記録する学問です．産業革命によって近代化が進むイングランドで，失われゆく前近代的な技術や文化を記録しようとする動きから，それは始まりました．民俗学は続いて他の国々で，産業化の時期によってそれぞれ異なる時期に始まり，発展しました．日本では20世紀初頭に，柳田國男が「郷土研究」「民間伝承論」の名の下に始めたものが最初と言われています（菅［2013: 108-9, 115］）．民俗学者は，典型的には，まだ近代化の及んでいない自国内のいわゆる「田舎」に赴き，人々の衣食住，生業，年中行事などを細かく観察したり，お年寄りから言い伝えを聞き

取ったりします．これらの日常的すぎて誰も記録に残そうとしない営みは，いつしか永遠に消えてしまうからです．

　まぎらわしいことに，同じく「みんぞくがく」と発音する「民族学（ethnology）」という学問もあります．こちらは一つの言語・文化を分かちあう人々を一つの単位（民族）とみなし，地球上のさまざまな民族の文化・社会の多様性と共通性を調査します．民族学も19世紀に，ヨーロッパが非ヨーロッパ圏へと植民地支配を広げる中で，さまざまな「異民族」と出会い，興味を持ち，支配する中で生まれた学問です．

　なお「民族学」はヨーロッパ式の名称で，アメリカでは同じ学問を「文化人類学（cultural anthropology）」と言います．日本ではかつて前者の呼び方が使われていましたが，今日では後者が浸透しています．今日の日本の文化人類学は，民俗学のように日本で独自に発展したものではなく，基本的に欧米から導入したものです．文化人類学者は異文化へ出かけ，人々の日常生活を参与観察したり，人々が何を考えているかをインタビューしたりします（第2章を参照）．

　このように，民俗学は「国内の田舎」，文化人類学は「遠くの異文化」を典型的に調査してきました．しかし，普通の人々の日常への関心，観察や聞き取りといった現地調査（フィールドワーク）の手法において，二者は共通しています．

　さらに今日，文化人類学は，必ずしも「遠くの異文化」を調査する学問ではなくなっています．その背景には，近代化が地球上のあらゆる場所に及び，いわゆる「秘境・辺境」が激減していることがあります．また一方で，「自分の国，自分の文化」でも，私たちはそのすべてを知っているわけではないという現実があります．自分が知らない地方の文化や，自分とは異なる集団の文化（サブカルチャー）があることを考えれば，人類学者が，異文化に対して使う調査法を自民族の文化に対して使うことにも理があります．ここに「自文化人類学」が成り立ちます．

　日本では，民俗学者は文化人類学者を「横文字の理論をふりまわす人」，文化人類学者は民俗学者を「細部を記録するだけの視野が狭い人」といったイメージで見てきた節があります．しかし，両者の違いよりも共通点の方が重要な場合があります．たとえば自国内で大災害が起こり，ある地域の日常が根こそぎ失われたとき，民俗学者や文化人類学者の知識や記録，収集していた民具などは，地域文化の再生に一定の役割を果たすでしょう．加えて「災後」の日常も，歴史的過程

として,民俗学者や人類学者が立ち会い記録すべきものでしょう.

　「過去に消すに消せない辛い記憶がある,未来は予見できない.どんな災いがくるか分からない人がいる限り必要であろう」.「民俗学は何の役に立つか」と問われ,柳田が返したといわれるこの言葉(堺[2012: 13])は,文化人類学にとっても示唆的です.

I. 集団から個人へ——ライフヒストリーが語るもの

　　常民といわれる人々は,ひとくくりにできる平凡な人生を送っているようにみえながら,じつは一人一人がさまざまな人生の渦を体験しながら生きていることを,フィールドワークに関わるものならば,誰しもが知っている.2011年の三・一一という災害は,人生の渦を凌駕し,直接体験した人の価値観や人生観を左右させるような強烈な印象を与えた.[中略]この地方の人は,必ずといってよいほど,身近に三・一一大津波や原発事故の関連死者がいる.体験は強烈で,生涯忘れることができないような異常なできごとであった(岩崎[2013: 65]).

　福島県相馬市に住む民俗学者のこの言葉は,「被災者」という語を使うすべての人に反省を促します.「常民」とは,柳田國男が用いた語で,「庶民」「平民」「農民」と同義とする見方もありますが,その使い方は一貫していません(福田他編[1999: 856]).また,柳田が「常民」を「典型的な日本人」といった意味で,事実上「稲作をする百姓」を指して使っていたこと,とりわけ「軒まで届くほどに深い雪景色の底に埋もれた,稲を作る常民のたちの東北」(赤坂[2009: 18])を典型的な日本の風景としてイメー

ジしていたことを，問題視する声もあります．日本には本来，稲作以外にもさまざまな生業があったり，米以外のさまざまな穀物（米に対して「雑穀」という蔑称で呼ばれる）が主食とされていたり（赤坂［2009: 26-7, 42］），さらに，もともと稲作に向いていなかった寒冷な東北地方は，明治以降の国策により日本の穀倉地帯となることを強いられてきたのだという指摘です（赤坂［2009: 23, 42-3］）．このように「常民」という概念は，幻想であるばかりでなく，暴力的でもあるというわけです．

　権力構造と結びついた「常民」の概念が，ともすれば没個性的な人間集団をイメージさせてしまうように，2011年以降は「被災者」という語が，震災前からあった東北人の「常民」的イメージと相まって，個性も人生も，被災体験も千差万別のはずの一人ひとりを見えにくくさせています．たとえば，震災後よく聞かれた「東北人は我慢強い」というステレオタイプ的な賛美は，「原発事故の被災者は，なぜもっと怒りの声を挙げないのか」という首都圏の人々の疑問への，端的な答えにもなりがちです．実際には，原発産業で働く人を身内に持つ人があまりに多いため，単純な被害者意識を持つことが難しかったり，被災の内容や程度があまりに多様なため，一団となって何かを主張しにくかったり，同郷者が避難の過程であちこちに離散してしまっていたり，日々の問題や精神的ダメージが大きすぎて，社会運動にまでエネルギーを回せなかったり，といった事情があるにもかかわらず．

　同じ問題は「民俗知」を語る際にも起こります．民俗知とは，「集団の中で培われてきた知識体系であり，生きぬくための戦略上の知」（田口［2014: 74］）と定義できます．科学技術社会論では，生き抜くためのものに限らず，科学知に対抗する，現場条件に状況依存した「現場の勘」を指して「ローカル・ノリッジ（local knowledge）」というよ

うです（藤垣［2003: 129］，および本書第 7 章を参照）．ただしこの語のこの使い方は，文化人類学で提唱された意味とは異なります．1983 年に『ローカル・ノリッジ』を著したクリフォード・ギアツは，バリ島の法制度を例に挙げながら，「（文化ごとに異なる）世界を解釈する枠組」といった，より抽象的な意味でこの語を使っています．「民俗知」「ローカル・ノリッジ」の類語としては，「インディジナス・ノリッジ（indigenous knowledge, 土着的知）」もあります（第 2 章，61 ページ，参考文献の Narumon Arunotai の項を参照）．さらに環境学や資源論では，民俗知のうち，自然環境の利用や保全に関わる知を指して「トラディショナル・エコロジカル・ノリッジ（traditional ecological knowledge）」といいます（菅，私信）．このように，「民俗知」やその類語は，学問分野や論者によって使う語や意味が異なるため，注意が必要です．

　さて，「民俗知」といえば，東日本大震災後に有名になった「津波が来たら他人のことをかまわず，各自ばらばらに逃げなさい」という三陸地方の知恵が思い浮かぶかもしれません．しかしこれは，マスメディアの報じるように，昔から・この地方一帯で・「津波てんでんこ」という名称で継承されてきたわけではないようです．さらに問題なのは，「○○地方には津波に関してこういう言い伝えがある」というと，その地方に住む人全員が，判で押したように同じ避難行動をとるかのようなイメージを生むことです．しかし実際には，言い伝えを知っていても行動しない人も多くいますし，「ここに津波は来ない」という言い伝えのせいで命を失う人もいます．たしかに「民俗知」が重要なケースも多々ありますが，それさえあれば集団が救われるかのようなロマンチックな見方は，集団という見方とともに，つねに自戒しなければなりません．

　それでは，集団のイメージをできる限り避けながら，大

災害を経験した人々から何かを学ぶには、どのような方法があるでしょうか。本章では試みに、文化の体現者としてもっともミクロな単位、すなわち「個人」にフォーカスを当てます。そしてライフヒストリー、ライフストーリー、またはパーソナル・ナラティヴと呼ばれる、ある個人の（ときに生い立ちから現在に至るまでの）経験を本人に語ってもらった記録を分析します[1]。自然科学を学問のモデルと考える人から見れば、個人の語りなど、データとして主観的・断片的・選択的すぎて価値がないように見えるかもしれません。しかし文化人類学や民俗学は、そもそも研究対象（である人間）が意志や主観を持っているという点で、自然科学と決定的に異なります。人間の主観自体が、貴重なデータなのです。

　もちろん、たった一人の人のライフヒストリーに焦点を当てることには、その人を聞き取り対象として選んだ時点で、研究者自身の主観や選択がはたらいてしまっている、という欠点があります。この欠点を補うには、研究者が偏りを認めつつ、なぜこの人を聞き取りの対象にしたかを読者に説明する必要があります。

　この章でご紹介する一人の女性のライフヒストリーは、震災以来、私が持っていた以下の問いに、私が知る中でもっともよく答えてくれるものだと思われます。「災害時や『災後』の刻々と変わる状況の中で、人に有益な行動——まず自らの命を救い、できる範囲で他人を助ける[2]——をとらせるものは何なのか。そして文化を研究する者は、このような行動に対し、民俗知をどのように位置づけたらよいのか」。このことを考えるにあたり、ある「女将さん」のケースを挙げます。

1）ライフヒストリーの方法論については、文化人類学者のLangness and Frank［1981］、社会学者の谷［1996］などを参照．「パーソナル・ナラティヴ」は、フェミニスト研究者らが提唱した呼び方で、ライフヒストリー、ライフストーリーと同義（詳しくは Personal Narratives Group (ed.)［1989］）．文化人類学では、一人のライフヒストリーに基づいて一冊の民族誌が書かれることがあります．民俗学でも、宮本常一が、ある古老の人生を一人称の語りで記した「土佐源氏」という文章が知られています．

2）第4章でいう「自助」と「共助」に相当します．

第3章　女将さんの引きだし——民俗知・人生・意志の交差点としての「被災者」　　67

Ⅱ．「女将さん」という語り手

　私が，以下のライフヒストリーの語り手を「女将さん」と呼ぶのは，彼女の震災前の職業が旅館の女将だったからであり，また，彼女が被災中や震災後について語る際にも，「女将（さん）」という自称や自認がたびたび出てくるからです．初めてお会いしたのは震災の翌年の 2012 年 8 月，場所は仮設住宅の集会室でした．この年，私は学生サークルの引率として，5 人の学生とともに福島を訪れました．町営競技場の敷地にずらりと並ぶ仮設住宅群の一番手前，プレハブの建物に入っていくと，インタビューを受けて下さる漁師さんと女将さんがいて，女将さんは流れるような所作でお茶を淹れて下さいました．仮設住宅にいても彼女は，今はない旅館の名前と，「女将」という語を冠したブログを発信し続け，仮設の自室を人に見せたり泊めたりしていました．2014 年にも二度お会いし，2015 年 3 月にあらためてライフヒストリーの聞き取りのためにお尋ねすると，ま新しい復興住宅に移っていらっしゃいました．かつての旅館に似て「ウナギの寝床のよう」に細長く，「みんなが集まれるサロン」のある間取りでした．このように，非常事態にもその後にも，彼女のアイデンティティは一貫して「女将さん」であるようです．

　村上美保子さん（1949 年生まれ）は福島県の最北端，宮城県との県境にある，相馬郡新地町に住んでいます．新地町は，地震，津波，放射線被害，風評被害，マスメディアからの盲点という「五重被災の町」といえます．かつては相馬港を拠点とする漁業，釣りや海水浴などの観光産業，ニラやトマトなどの農業で賑わっていました．しかし 2011 年 3 月 11 日，地震と津波を受け，国道 6 号線から海側へと広がっていた中心街は壊滅，JR 常磐線の新地町駅

と線路は消えました．私も初めて訪れた時，国道を境にして海側は見渡すかぎりの平地，陸側は普通の家や田んぼという，合成写真のような風景に面食らいました．また，約8000人の町民のうち109人が亡くなりました（行方不明1人）．「みんな顔見知りの町だから，みんな必ず家族か知り合いを亡くしている」（現地の方々談）のです．

さらに，福島第一原子力発電所から北へ50kmに位置する新地町は，原発事故後，放射線被害（実害）と風評被害（第6章を参照）の間を揺れ動いてきました．空間放射線量は，たしかに事故後に増加したものの農作物が出荷停止になるほどではない，いわばグレーゾーンの値でした．作物の売り上げや価格は大きな打撃を受け，生業を続けるべきかどうか悩む農業家もいました．漁業は「自粛」となり，漁師たちはしばらく海底のガレキをさらい続けました．さらには小さな町ゆえ，マスメディアの目には留まりにくいのです．

美保子さんは，明治時代から続く旅館・朝日館の女将でした．「海水浴場まで徒歩3分．地元の獲れたてのお魚料理が味わえる人気の旅館です」．かつて町の観光パンフレットにそう書かれた旅館は，津波にのまれました．女将さんが震災直後，旦那さんとともに，（放射線が身体に付着しないよう）カッパを着て，避難所から旅館があった場所に様子を見に行くと，がれきの中，看板だけをしっかりと残したまま，「旅館」は残骸になって立ち続けていました．その姿は女将さんを奮い立たせました．

旅館をたたむことを決めた女将さんは，震災後は「震災語り部」として全国に名を馳せることになりました．同じ地区の人々とともに避難所から仮設住宅に入り，3年半暮らす間も，また新居に移ってからも，日本全国で計400回の口演を行いました．

女将さんの行動には一貫して，多くの人とは違うところ

写真1 津波で消滅した中心街をつらぬく復興道路（2012年4月1日，新地町，加藤撮影）

があります．たとえば地震の揺れの中「女将さんスイッチが入って」，その日の予約客の夕飯にと，コンビニエンスストア（後に津波にのまれた場所）でおにぎりを買い占め，その夜，自分の入った避難所で人々に配ったり，個人的に物資を仕入れて避難所の同居者に配布したり，仮設住宅に移ってからは，高齢女性たちが引きこもらないよう手芸の会を主宰したりというように．何より女将さんは，津波が来る前に最初に逃げた一人であり，彼女の姿を見て，つられて逃げた人たちもいます．

なぜ彼女は，経験したこともない災害時に，またその後の刻々と変わる状況の中で，有益な行動をとり続けることができたのか．その答えは，震災前の人生にすでにあるのではないか．このように仮定して女将さんのライフヒストリーを伺うと，〈民俗知〉〈人生を語る力〉〈意志〉という三つの要素が浮かびます．

III．津波から逃げる：個人に宿る〈民俗知〉

女将さんは岩手育ちです．父親は国鉄（現JR）職員で，家族はいわゆる転勤族でした．女将さんの生後まもなく，一家は三陸海岸沿いの岩泉町に移り，彼女はここで小学校時代を，また内陸部の遠野市で中学校時代を過ごしま

た.「揺れたら津波が来る」.女将さんはこの考えを，岩泉での子供時代に叩き込まれたといいます.

> 岩手では70年，80年周期で［地震と津波が］来るので，子供に教えていたんですね．たとえば遠足で，高い所に子供たち上げて「明治［29年］はここまで，昭和8年はここまで来た」とか，崖の所の松の木を指して「あそこに女の人［の遺体］が，長い髪が木の枝にこんがらかって引っかかっていた」とか，もう怖くて．あと，たしか神社だったと思うけど「この階段のここまで波が来た．ここまで到達した人は助かったけど，ここから下の人は助からなかった」とか．

いっぽう，嫁ぎ先の旅館があった新地町にはそのような言い伝えはありませんでした．2011年3月11日，旅館は食器棚の食器がすべて落ちてくるほどの揺れに襲われました．ぱっくり避けた道路からブクブクと濁った水がわき出ているのを見たとき，女将さんはとっさに「津波が来る」と予感しました．しかし「逃げよう」と言っても，夫は「新地は津波の来ない，いい所なんだ」「［津波なんて］親からもその親からも聞いてない」と笑いました．女将さんは「車の運転だけして」となんとか夫を車に乗せました．町には大津波警報が流れ，「高台に逃げて下さい」とアナウンスが流れていますが，近所の人たちは揺れが続く中，家の外でぼーっと，思考力停止の様相で立ち尽くしています．その間を女将さんは「津波くるよー！車なかったら乗ってー！」と叫びながら移動しました．それを見て「朝日館逃げたわ．じゃ逃げるか」と逃げた，と，後に再会した近所の人は言ったそうです．

興味深いことに，女将さんはその界隈で唯一の岩手育ちであり，周囲の誰も逃げようとしなかったのに，岩手のロ

ーカルな〈知〉が個人レベルで発動しました．しかも 50 年ほど使わなかった〈知〉です．なぜここまで強力に，彼女の中に〈民俗知〉が生きていたのでしょうか．注目すべきは，岩泉では，崖や石段などの具体的な景観の中で，また「高い所へ上る」といった身体化を通して〈民俗知〉が伝えられていたことです．言語的テクストだけでなく，風景や身体といった文脈（コンテクスト）に埋め込まれ，叩き込まれた〈知〉は，言語のみに基づく〈知〉よりも，個人の中に長く深く生き続けることが考えられます．

　なお，新地町にも津波の言い伝えがないわけではありません．しかしそれは「たいしたことない」「楽しい思い出」というものでした．1960 年のチリ地震津波の際，新地町の人々は水が引いた海岸で魚や海藻を取って楽しみました．そのため 3 月 11 日，大津波警報が出ても逃げようとしない人が多く，むしろ海岸に津波見物に行った人もいました［NHK　2014］．このように，言い伝えや「お年寄りの経験」のすべてが生き延びるための知恵というわけではないこと，むしろ限られた経験からくる思い込みにすぎない場合があることを，新地町の例は大きな犠牲とともに教えています．

　もっとも，かつて昔話の語り部をしていた女将さんによると，慶長三陸地震津波（1611）の際には「今回くらいのが来た」のであり，津波を思わせる地名が新地町の内陸部に複数あるそうです．しかし「私たちも昔話として語っていたけれど，史実としては語っていなかった」．その反省が，後の「震災語り部」としての活動につながったと言います．

　新地町に新たな言い伝えが加われば，今後，多くの命が救われるであろうことは，すでにある出来事が示しています．女将さんによると，3 月 11 日の数週間前，考古学者が町の中学校を訪れ，この町の地名と津波の関連が考古学

的に証明されている旨の講演を行い,「海辺に住む子は［地震が来たら］高台に逃げなさい」と話していました．大震災の当日，海辺に住む生徒たちはこの言葉に従って助かったということです．

IV. 昔話と震災を語る

もう一つ，女将さんが岩手から持ち込んだものに「語ること」があります．これには，昔語りが日常に豊富にあった，つまり震災についての〈民俗知〉以外にも，語りが身近にあった岩手で子供時代を過ごしたこと，さらに，父親が昔話の再発見・再創造に関わったことが影響しています．

女将さんの父親は，赴任する先々で町興しに関わっていました．遠野市では，昔話や語り部を観光化するのにも一役買っていたと言います．ちなみに遠野といえば，柳田國男が同地出身の若き民俗学者・佐々木喜善から，カッパや座敷わらし，オシラサマといった民間伝承を聞き書きして編纂・刊行した『遠野物語』（1910年）で有名です．今日でも，遠野といえば「語り部の里」のイメージがあります．しかし，語り部が遠野の名物になったのは1970年［昭和45年］の岩手国体の際，遠野がサッカー競技の会場となったことがきっかけです[3]．宿泊施設が足りず，外部者を民泊させることになった際，もてなしとして郷土料理や昔話を見直す，市民向け勉強会が始まりました．それまで人々にとって昔話とは，子供をあやすために仕事をしながら語り聞かせるありふれたもので，外部者に語ることなど考えられなかったのです．またこの年，国鉄は「ディスカバー・ジャパン」キャンペーンを開始し，高度経済成長によって失われゆく伝統文化を，遠野を含む「地方」に再発見しようという動きを作りました．

[3] 遠野についての記述は，私が2013年に「人類学現地調査」の引率として訪れた遠野での関係者への聞き取りに基づいています．詳しくは『国際基督教大学 2013 人類学調査実習報告書』（加藤恵津子研究室編）の森田実和，河内みずきの論文，および川森[1996]などを参照．

国鉄職員だった女将さんの父親は，このような流れの中で語り部を養成する旗振り役だったと思われます．実際，女将さんいわく，

　　そのころ［昭和37年頃］は『遠野物語』も，研究者は別として，そんなに有名でなかったんですよ．父は観光バスガイドさんの中で，歌が下手な人たちに，代わりに標準語で昔話を語らせようとしていました．これには猛反対が起こったみたい，「子どもに語るものを大人に聞かせても，聞いてもらえるわけがない」って．でも父は，遠野の昔話を標準語に直して書いた．私が中学から帰って来ると，家にいつもガイドさんたちがいて練習していた風景が，今も目に浮かびます．

　子供時代に遠野で，語り部文化の再創造を目の当たりにした経験は，女将さんが新地町の旅館に嫁いだ後の行動につながります．20年ほど前，福島県霊山町から新地町に招かれた語り部によって「昔語りの講座」が催された際，女将さんは「遠野みたいに，泊まったお客さんに夕食後，昔話できたらいいな」と考えて参加したのです．それが女将さんの語り部活動の始まりでした．
　いっぽう，語り部の原風景は，遠野でなく岩泉で見たといいます．幼少期に母と出入りしていた家で「炊事専門のおばあちゃんたちが，仕事で手を動かしながら語ってくれたんですよ．夜，その家で寝るときも」．後に「新地語ってみっ会」という団体ができ，昔話を語ってみるよう言われた時，女将さんの口から出たのは，何十年も話していなかった岩泉弁でした．女将さんはまた，新地町の昔話の冊子編纂にも携わりました．
　女将さんが「震災語り部」になったのは偶然のきっかけからでした．震災から3か月後，ある所で被災体験を話

したら，次々と声がかかるようになったのです．初めは自身の被災体験を語っていましたが，2013年からは紙芝居[4]を口演するようになりました．2014年，私が2年ぶりに福島を訪れた際，相双地方[5]のパンフレットを開くと，ほとんどの観光資源を失った新地町のページで必ず目にしたのは，紙芝居を口演する女将さんの写真でした．

『命の次に大事なもの』と題するこの紙芝居は，日本各地のほか，中国，ドイツ，ロシア，アメリカ等でも上演されました．物語は，漁師3人の実体験の聞き取りにもとづく女将さんの創作で，地震直後，船を守るために沖に漕ぎ出した一人の漁師の眼から，津波と原発事故を描いたものです．

> 船さえ守れば，明日からまた漁に出られる
> 命をつないでいける
> 漁師が命のつぎに大事なものは，船よ

しかし，いくつもの巨大な波の壁を乗り越え，九死に一生を得て変わり果てた町に帰って来ると，家も家族も流されており，女房は10日後に遺体で見つかります．

> だども船が残って何になる
> 原発事故で，魚一匹とることさえ許されねぇ
> 魚を取らねえ漁師なぞ，もはや，漁師でねぇ

漁師は毎日，女房の位牌に「かんべんしてけろ，かんべんしてけろ」と手を合わせ，「忘れてしまいたいげんど，忘れねぇ」と断言し，物語は終わります．この紙芝居を，初めて仮設住宅の集会室で読もうとしたとき，まだ話が進まないうちに，漁師をふくむ聴衆全員が号泣してしまい，読み進められなかったそうです．

[4] この紙芝居は，広島市の市民グループ「まち物語制作委員会」の「東北まち物語紙芝居化100本プロジェクト」（東日本大震災の被災各地の民話や言い伝え，被災体験を，3年間に100本，紙芝居にして現地に届けるプロジェクト）により作成されました．2014年に目標の100本が達成されました．

[5] 福島県沿岸部（浜通り）の北半分．相馬郡と双葉郡の総称．

写真2　ICU生に『命の次に大事なもの』を口演する女将さん．17メートルの津波を，漁船が斜め45度に上って乗り越えようとする場面（2014年7月16日，新地町，小川公園仮設住宅集会室，加藤撮影）

のどかな昔話と，今日の過酷な被災体験は，一見別物のようです．しかし「今の被災も，あと50年経ったら昔話」と女将さんは捉えています． むろん昔語りはどの地方にもありますし，「震災語り部」も，仮設住宅の自治会長，被災した農場や工場の職員など，さまざまな立場の人がそれを名乗り，震災後の福島の観光パンフレットに名を連ねてきました．しかし，女将さんのように昔話の語り部の訓練を受け，一字一句違えず何十回でも同じ話ができる人が，同じモードで被災体験を語るケースは少数でしょう．また太古の昔から人間を襲ってきた天災だけでなく，原発事故という，後期近代的な「人災」も含めて，「昔話」という視点から2011年3月11日を語る語り部は，そう多くはないはずです．

　最後に触れた点，すなわち原発事故は，地震や津波と同じように〈民俗知〉的な語りの対象となるかどうかは，今後も見守るべき問題です．これまでのところ，原発事故と避難の経験が，昔話と同じ（または似た）形式で，経験者本人によって，真正面から「作品」として語られている例を，私はまだ二例しか知りません．一つは，浪江町からの避難中に亡くなった佐々木ヤス子さんの手記をもとに作られた，『見えない雲の下で』と題するラジオドラマおよび紙芝居[6]，もう一つは，南相馬市小高区の島尾清助さん（語り部活動・おだか「しゃべるべ」主宰）による震災絵本『未来への伝言　その一：東日本大震災・福島第一原子力

6）佐々木ヤス子さんは避難生活中の2012年6月，84歳で亡くなりました．生前，『お

発電所事故』です[7]．原発を題材とする昔話の例の少なさの背景には，「専門家」にしか（あるいは「専門家」であっても）わからない被害内容を，「放射線てんでんこ」のようなわかりやすい形で一般の人が語ることの難しさ[8]，そして，自身や知り合いの職場であり，地域に収入をもたらしてきた産業から生じた事故を，「災い」として後世に語ることへのためらいなど，何重もの壁があるようです．

Ⅴ．過去と現在を語る――人生への物語論的アプローチ

ところで，女将さんの「語る力」には，昔話や震災を語る以外にもう一つ現れ方があります．それは「人生について語る」ことです．これまでに紹介したライフヒストリーからもわかるように，女将さんは実によく（頻繁に，そして巧みに），人生の過去のエピソードと現状をつなげ，両方に共通の意味を与えるような語りをしています（次節も参照）．言い換えると，現状から逆照射して，人生の過去のある時点にスポットライトを当て，その時点と現在をつなげて一貫した意味を見出し，言語化することに長けているのです．

そもそも女将さんが震災語り部になったいきさつ自体が，私にとって一つの物語のように聞こえます．このため「岩泉，遠野，語ってみっ会，震災，と見てみると，何かつながっているような気がしますが」と思わず尋ねました．すると「今，あなたはこれを語りなさいって言われているような気がする，自分の人生［を通じて］」との返事でした．

いっぽうで，一見震災とは関係ない個人的体験も，女将さんの語りでは震災と結びついています．たとえば女将さんは，震災よりも前に娘さんを20代の若さで，病気で亡

そろしい放射能の空の下で」と題する手記を書いており，これを元に2012年，「まち物語制作委員会」（前述）が紙芝居とラジオドラマを制作しました．
[7] 発行は2013年，小高区役所内・小高復興語り部教本作成委員会．絵本は全編，昔話を思わせるモノクロの切り絵で作られています．
[8] たとえば，ある民話研究者は原発事故について「しかし残念ながら，この放射性物質につきましては，私自身よくわかりません．［中略］原発の研究者に素朴な質問をいたしますと，決まって『わからなければいいのよ』とおっしゃる．［中略］しかし，現在ではこの原発事故についての情報に対応する日本語を獲得しなければなりません」（野村［2013: 99］，傍点は加藤），科学言語を，民話や昔話のそれとは「別の日本語」とする興味深い発言をしています．しかし彼女の結論は，「子どもたちの心象風景のふるさとの育成として，今こそ昔話や伝説など，言葉の持つ力が求められている」（野村［2013: 107］）というもので，原発事故自体を昔話にしたいとは明言していません．

くされました．この経験があったために「震災を難なくクリアできた」，「家，旅館を失ったことなんて，娘を亡くしたことに比べたら辛くない」と言います．また「今，震災で家族を亡くされた方の気持ちがわかるし，そばにいて聞いてあげるしかない」こともわかると言います．

　女将さんの人生の語りは，「自己は，自分自身について物語ることを通して産みだされる」ことをよく示しています（浅野［2001: 4］）．「自分自身が何者であるのかを説明しようとするなら，人は自分自身の人生のエピソードのうちあるものだけを選び出し（他のものを捨て），それをある筋に沿って紡ぎ合わせていくほか」ありません（浅野［2001: 5］）．しかも，まず「私」がいて，ついでそれについて語るのではなく，「人は過去を物語へと加工することによって現在の自分を作り出している」のです（浅野［2001: 6］）．これはつまり，意識する・しないに関わらず，人は誰もが自分の人生についての語り部（たとえその声を表に出すことはなくとも）だということです．またこの「語り」とは，究極的には主観の産物ですから，人生は主観によって編み出され，生きられると言えます．

　そうであれば，大災害という，人生を分断する出来事に遭った時，現在の自分につながるエピソードを過去から探し出し，（心の中で，自分に向かって）物語ることは，新たな状況下でふたたび日常を始めることを助けてくれると言えるでしょう．

Ⅵ. 「被災者」らしからぬ被災者？──〈意志〉をもつ個人

　最後に，経験したことのない耐久生活の中で，その時々に適切な行動を人に取らせるものは何でしょうか．先にも触れましたが，女将さんは津波直前にコンビニで買い占め

たおにぎりを，その晩，自分が入った避難所で周囲の人々に配りました．その後も避難所で，友人から自分に届く物資を周りの人に取ってもらったり，周りの人に足りない物資を聞いて，それをスマートフォンで全国に知らせ，自主的に受け取りと配布の役を果たしたりしました．これらの行動には，「自分よりお客」という先代女将（姑）の教えの影響があるとのことです．しかし，そんな彼女に忠告する人もいました．

> 「『朝日館，金ある』と思われるから支援物資は受けっときな．自分は被災者じゃないみたいな顔しない方がいいよ」って言われて，「そうだ私，被災者なんだ！ってその時初めて気がついて［笑］．でもなんだかすごい違和感があった．

　仮設住宅に移ってからは，女将さんは高齢女性を孤立させないよう，「エコたわし」[9]を作る手芸の会を主宰しました．男性同士は，酒を飲むことなどを通して比較的社交をする機会があるものの，高齢女性は自室に引きこもりがちであることに気づいたのです．女将さんがインターネットでアクリル毛糸の寄付を募ると，国内外から大量の毛糸が届きました．おばあちゃんたちが集会室でおしゃべりしながら作ったたわしは増え続け，段ボール箱数箱にもなりました．それらは仮設住宅を訪れた人などを通して販売され（ICUの学園祭でも二度，販売させていただきました），その売り上げは，作り手の慰めとなる会食や温泉旅行の費用になりました．女将さんがこのようなことを思いついた背景には，官舎の奥さんたちを集めてはお茶，花見と「みんなで集まって楽しいことを」していた母親の影響があるといいます．また女将さんには，旅館に嫁ぐ前に家庭科教員をしていた経験もあります．

[9]「エコたわし」とは，アクリル毛糸を手のひらサイズに編んだもので，これで食器を洗うと洗剤をつけなくとも汚れが落ちることから，環境に優しい（エコロジカル）たわしと呼ばれます．

2014年の秋，女将さん一家は，町の高台に新たに建てた一戸建て住宅に移りました．その二階に，またおばあちゃんたちを集めて手芸をしようと設けた部屋（「サロン」）で，女将さんは納戸の中を見せて下さいました．そこには何段もの引きだしの中に，寄付で送られてきたさまざまな色や柄の端切れが，ぎっしりと詰まっていました．「これを使って何かしたいのよね」と，女将さんは思案顔ながらも嬉しそうでした．

　女将さんには過去4年間，「被災者」だったことがないかのようです．震災直前までの人生の諸要素——岩手で育ったこと，成績優秀で「おせっかい」な「大人わらし（大人びた子供）」だったこと，家庭科教員としての経験，代々女性がきりもりする旅館に嫁いだこと，語り部講座に通ったこと，娘さんの逝去，父や母，姑というロールモデルなど——が潜在的な資源として「引きだし」に入っており，目の前に問題が起こるつど引きだされ，組み合わされ，ブリコラージュ[10]されているかのようです．

　しかしこれらの引き出しも，開けられることがなければ，引き出しとして存在しなかったことでしょう．とくに「被災者」間，または小規模コミュニティでは，（上述の，避難所での近所の人からの忠告に見られるように）他人と違う行動をとることに対して圧力がかかりやすいはずです．しかしそのような環境でも，引きだしを次々と開けて女将さんに独自の行動をとらせ続けたのは，最終的には，彼女自身の〈意志〉であったと思います．

Ⅶ．「被災者」という人はいない

　女将さんのケースをふまえて最初の問いに立ち返ると，ある人の災害時の行動は，次のような立体イメージで描けそうです．まず，時間軸という縦糸があります．次に，そ

10)「ありあわせの素材でとりあえず必要を満たすこと」といった意のフランス語．文化人類学者レヴィ＝ストロースが『野生の思考』（1962）で使用．

れに垂直に触れるように〈民俗知〉〈人生の語り〉〈意志〉という三つの横糸が，それぞれ異なる角度で張られています．三つの横糸は，縦糸のある一点で交差しています．時間の経過とともに，その交差点は縦糸の上を移動していき，同時に，それぞれの横糸のどの部分が縦糸に触れるかも変わります．ここでは〈民俗知〉は，他の二つの横糸に比べて強力なわけではありません．〈民俗知〉があっても人生経験から「津波は来ない」と考えたり，〈民俗知〉や人生経験があっても，周りの人から笑われたり，否定されたりするために〈意志〉が強く発動せず，知や経験を引っ込めたりしてしまいがちだからです．

　すべての人は二つとない人生を過ごしており，ある日突然，災害に遭い，それまでの人生から分断されます．その意味で「被災者」という人はいません．ですから被災された方に出会うときは，その個人の〈人生〉や〈意志〉に出会うのだと考えるべきでしょう．次に，昔話や被災経験を人前で語ること，つまり観光的な意味での語り部になることには，人によって得手不得手があります．しかしながら，自分の人生に関しては，誰もが生まれつき語り部だと言えるでしょう．他人に語る・語らないは別として，普段から自分の人生を振り返り，「過去の〜があるから今の〜がある」といった見方をする習慣を持つと，人生の大きな分断を経験した際，回復の助けになると思われます．そして最後に，誰もが「来るかもしれない時」のために引きだしを増やしておき，それを自在に開ける〈意志〉を鍛えておきたいと思います．

　今日の東北には，大きな犠牲と引き換えに，いつか来る日に私たちのモデルとなる人が，数多く暮らしています．

Discussion Questions

(1)「自文化」と「異文化」の間に境界線は引けると思いますか．引けるとしたら，その基準は何でしょうか．

(2)「ライフヒストリーを聴く」という調査手法の，長所と短所を挙げて下さい．その短所を克服するために，どのような努力ができるでしょうか．

(3)「被災地」または「被災者」というカテゴリーについて，これまでに（どのような）違和感を覚えたことがありますか．これらの語を，どのような語で言い換えることができるでしょうか．

【参考文献】

赤坂憲雄　2009　『東北学／忘れられた東北』講談社．
浅野智彦　2001　『自己への物語論的接近——家族療法から社会学へ』勁草書房．
岩崎真幸　2013　「民俗を救うことはできるのか——福島県浜通り相双地方の場合」『民具研究』第 147 号，64-78 頁．
NHK　2014　「福島県新地町——津波は知っているつもりだった」『証言記録　東日本大震災』総合テレビ，12 月 14 日放映．
川森博司　1996　「ノスタルジアと伝統文化の再構成——遠野の民話観光」山下晋司編『観光人類学』新曜社，150-8 頁．
桑山敬己　2008　『ネイティヴの人類学と民俗学——知の世界システムと日本』弘文堂．
堺健　2012　「『気仙沼大島の民話・伝説』刊行の言葉」気仙沼大島"きずな"情報センター協議会編『気仙沼大島の民話・伝説』．
菅豊　2013　『「新しい野の学問」の時代へ——知識生産と社会実践をつなぐために』岩波書店．
田口洋美　2014　「災害の民俗知とは何か——伝承の行方」『東北学』第 3 号，73-85 頁．
谷富夫編　1996　『ライフ・ヒストリーを学ぶ人のために』世界思想社．
野村敬子　2013　「原発事故と伝承文化」石田正己編『震災と民話——未来へ語り継ぐために』三弥井書店，95-108 頁．
福田アジオ他編　1999　『日本民俗大辞典　上』吉川弘文館．
藤垣裕子　2003　『専門知と公共性——科学技術社会論の構築へ向けて』東京大学出版協会．

宮本常一　1984　「土佐源氏」『忘れられた日本人』岩波書店，131-58 頁．

村上美保子　2013　『命のつぎに大事なもの』新日本文芸協会（2014 年にアニメーション・DVD 化，まち物語制作委員会）．

──────　2015　『朝日館　女将の 7 Days』（紙芝居）まち物語制作委員会．

Geertz, Clifford　1983　*Local Knowledge: Further Essays in Interpretive Anthropology*, Basic Books〔梶原景昭・小泉潤二・山下晋司・山下淑美訳『ローカル・ノレッジ──解釈人類学論集』岩波書店，1991 年／岩波モダンクラシックス，1999 年〕．

Langness, L. L. and Geyla Frank　1981　*Lives: An Anthropological Approach to Biography*, Chandler & Sharp Publishers, Inc.〔米山俊直・小林多寿子共訳『ライフヒストリー研究入門──伝記への人類学的アプローチ』，ミネルヴァ書房，1993 年〕．

Lévi-Strauss, Claude　1962　*La Pensée Sauvage*, Libraire Plon〔大橋保夫訳『野生の思考』みすず書房，1976 年〕．

Personal Narratives Group（ed.）　1989　*Interpreting Women's Livers: Feminist Theory and Personal Narratives*, Indiana University Press.

第Ⅱ部

政治・政策と私たちの意志

【行政学／Public Administration】

第4章
東日本大震災後の自治とガバナンス

西尾　隆

> 「政府」という言葉から，私たちは国会や内閣や霞が関の官庁を想像しがちです．しかし政府はどんなに小さな市町村にもありますし，そこに勤めている公務員は私たちの隣人や友人だったりします．また災害時には，市町村の役所や職員も被災するかたわら，一般市民の私たちが避難所などで自治を始めねばならないこともあります．この章では，自分を助けること（自助），周りの人と助け合うこと（共助），政府から公的な援助を受けること（公助）がどのように連続しているか，また，その連続性を平常時から意識することがなぜ重要なのかを，さまざまな災害現場のケースを通して考えます．

[Key Words: 補完性の原理，地方分権改革，自治，コミュニティ，
協働型ガバナンス，責任ある柔軟性]

● 行政学とは

　行政学は19世紀後半のアメリカで，政治学を母体に生まれました．パイオニアとされるのは，後の28代合衆国大統領ウッドロー・ウィルソンの「行政の研究」（1887年）という論文です．ウィルソンは，政治の喧騒・対立から切り離された中立的で能率的な行政の確立が必要だと論じました．その後，法学，経営学，社会学などの知見と方法を吸収しつつ，行政改革の実践に影響を与える学問に成長し，戦後は公共経済学からも影響を受けて発達してきました．

- 政治学から出発

政治学と行政学の違いについてよく質問を受けますが，行政学はその対象を政府（ガバメント）に据えてきた点で他の研究分野とフォーカスが異なります．政治学は政治思想・政治史をはじめ，政党・選挙・市民運動などに関する研究も多く，政府が常に中心的テーマだというわけではありません．行政学の場合，国際的にこの分野をリードしているハーバード大学ケネディ・スクールやロンドン・スクール・オブ・エコノミクス（LSE）の学部の名称が「ガバメント」となっているように，政治過程の多様なアクターに目配りしつつも，研究の焦点は「政府」という統治システムに置かれてきました．とはいえ政府を見るアングルに関しては，党派対立とその統合，理想の実現とそのための「アート」（技術）に注目する点で，政治学と視座を共有しています．

ところで「政府」には，内閣や大統領のように政治的な（選挙で選ばれ党派性をもつ）執政部門と，公務員集団のように実務的な（資格・能力で選ばれ中立性を期待される）官僚制部門があります．また，中央政府（国）と地方政府（自治体）があり，国際レベルでも国際機構が存在します．政府のシステムに対し，具体的な制度の運用状況を確認しながら，そのメカニズムを解明し，改善策を考えるのが行政学の主たる任務といえます．内閣と官僚機構の関係，国と地方の関係，公務員制度の改革などはやや技術的な印象があるかもしれません．しかしその社会工学的なデザインが政府全体のパフォーマンスに大きく影響するため，制度設計をすべて官僚などの実務家に委ねるわけにはいかないのです．

- 政策学との関係

最近は，政策学と行政学の違いについても質問がくるようになりました．系譜として，政策学も政治学から派生していますが，その出発点は 1951 年にアメリカの政治学者ハロルド・ラスウェルらが著した『政策科学』という著作であり，政治学の中でもとくに若い学問です．行政学との違いについて，イギリスの政治学者バーナード・クリックは，政策研究とは，以前からある行政学をセクシーに言いかえたもので内容的に大差はないと断った上で，縦糸に相当する旧来の学問に対し，それらを貫く横糸的な意義を政策学はもっている，という趣旨の説明をしています．

行政学も周辺の学問の視点をとり入れ，学際的な性格を有していますが，政策

学にはより実践的で諸学横断的な「政策型思考」が顕著です．松下圭一の表現を借りれば，通常の科学が現象を説明し，問題を「解説」するのに対し，政策学は問題の「解決」に向けて対応策を多面的に構想します．科学が過去の経験に基づき因果関係の解明を主たる目的とするのに対し，政策学は将来に向けて手段・目的の関係を設計するといってもよいでしょう．行政学には「制度学」「管理学」「政策学」という3つの魂があると言われますが，最近の行政学には政策学的な要素が強まっています．

- ガバメントからガバナンスへ

さて，政策学の台頭，公共政策系学部・大学院の拡充を受けて，行政学もより実践的で問題解決型の学問に成長してきました．とくに情報公開の定着を背景に，政府以外のシンクタンク，大学，市民などの主体が政府の政策を評価し，また代替案を提示する時代になりました．このことと並行して現われているのが，「ガバメントからガバナンスへ」という統治のあり方の変容です．政策決定の主体は依然政府ですが，その提起・立案・実施・評価のプロセスには，市場と市民社会を含め政府以外の多くの主体が関与し，その複雑なネットワークの中で公共的課題への取組みが進んでいます．特に地域に目を向けると，自治体と市民の協働による「地域ガバナンス」の領域が拡大しており，このテーマを扱う地方自治論は行政学の中でも重みを増してきました．こうした視点に立ち，「災後」（詳しくは本文）の世界の自治とガバナンスを草の根から展望したいと思います．

I．はじめに

私は1955年広島県大野町（現廿日市市）の生まれで，中学高校時代は毎日市電で原爆ドームを見ながら通学しました．戦争を知らない世代ですが，核兵器使用の遺構は私の原風景の一つです．中学生のころ，推薦図書だったドラ・ド・ヨングの『あらしの前／あらしのあと』を読みました[1]．「嵐」，つまりナチス侵攻と戦争がオランダの村の平

1) ドラ・ド・ヨング

和な生活を破壊する様子にショックを受ける一方，人々が戦争から学んだしたたかな精神と，子どもたちの心の成長を肯定的にとらえたことを覚えています．そんな感想を読書ノートに記したことで，自分自身少し大人になった気がしました．その頃は後に政治学を専攻することなど思いもよりませんでしたが，丸山眞男のいう「政治的成熟」の意味の一端を感覚的につかんだように思います[2]．

　戦争や大災害は，経験しないに越したことはありません．ごく日常的な事故と異なり，その負の影響は多くの人々に癒しがたい傷を負わせます．しかし非日常の試練や危機に直面することで，個人や社会がより高い次元に成長する契機になることもあるでしょう．ルーティンの枠を超えて困難に対処し，乗り越えた経験は，個人や社会の対応力を新しい次元に広げる可能性をもっています．戦後日本の復興と平和を考えれば，このことは容易に理解できると思います．被災は対自然の試練ですが，戦争・紛争の経験は対社会的な試練です．世の中の不正や虚偽にセンシティブになり，不断に変化する政治状況へのリアリズムを持つことができれば，政治的に成熟する契機となるでしょう．実際，学生と接していても，天性の明るさがすくすくと伸びたような「嵐の前」的若者よりも，いじめや病気などの試練を通り抜けて自己のアイデンティティを確立した「嵐のあと」的若者の方が，どこか安心して見ていられる気がします．

　他方，差別などの深刻な経験をしたために，人格の殻が硬化し，安全圏の外に一歩出たとたん柔軟な対応ができなくなるケースや，人格に歪みが生じることも考えられます．外部への警戒心と防御体制が築かれ，猜疑心が強まり，かつてコミュニティ内で自由に交流していた人々との信頼関係さえ失われるような場合もあるでしょう．日常的な人間関係がいびつになると，しなやかな関係構築や臨機

[1961]．合冊になっていますが，もとは戦争の前後に別々に書かれた作品で，現在の翻訳は別冊で刊行されています（岩波少年文庫，2008年）．

2）丸山眞男は，政治状況を認識する力としての政治的リアリズムが政治的成熟度を決定すると指摘しました．丸山眞男［1998］9頁以下を参照．中学生の私がそんな高度な認識をもったわけではなく，今から考えると，ファン・オールト家の人々が，丸山のいう「政治的に幼稚」だとする状態から成熟していく過程に印象づけられたということでしょう．

応変な対応力に偏りが生じます．いずれにしても，危機による個人や集団・社会の変化を「成長」と呼ぶためには，多角的な評価の目が必要です．

さて，この章では行政学の立場から，「東日本大震災後の自治とガバナンス」について考えたいと思います．「自治」を英語で"self-government"と言いますが，国だけでなく地域にも統治は存在し，自治体という「政府」が制度化されています．さらに，集団や個人も自らを治める力を秘めた主体といえます．そうした複数の主体が相互補完的に協力して共通の問題解決にあたる時，そのネットワークの動態が「ガバナンス」にほかなりません．そして，震災を通して明らかになった自助努力の重要性，それを補完する共助の有効性，さらにそれらを支える行政の役割を検証していきます[3]．

議論の順序として，まず「災後」という言葉について吟味し，災後の対応を「自助」(self-help，個人レベルの自己統治)，「共助」(mutual help，コミュニティレベルの自治)，「公助」(public service，行政レベルの公的サービス)の順に考えます．行政については，自治体(市区町村・都道府県)および国という複数の層があり，企業やNPOなどとの協働領域も無視できません．震災を機に何が変わり，何が変わらなかったのか，そしてこれから何をどう変えるべきか，具体例をとおして展望したいと思います．

II.「災後」の概念と補完性の原理

1.「災後」とは何か

2011年3月11日の東日本大震災と津波，これに続く福島第一原発事故後の日本あるいは世界を「災後」と呼んだのは御厨貴・東京大学教授（当時）でした．御厨氏はこの言葉を震災直後に書いた論説の中で用い，その後しばらく

3) V節で説明しますが，多層の政府，多様な主体による協力をマルチレベルのガバナンスと呼ぶことがあります．政府の種類と発達，ガバナンスとの関係については，西尾隆［2016］第2および5章参照．

エッセイや対談の中で使い続けてきました．その意味するところは，戦後，太平洋戦争に匹敵するような国民の共通体験がなくなり，「戦後政治」は昭和天皇が死去しても，55年体制[4]が崩壊してもなかなか壊れなかったところに，「3.11」がやってきて，長かった「戦後」という時代が終わり，「災後」が始まる，そういう日本人の共通体験になるのではないか，というものです（御厨貴［2011: 30］）．

3.11から5年近くが経過してこの言葉に触れる頻度は減少し，その後御厨氏自身，「戦後は終わらず，災後は始まらず」と慨嘆したくなったと記しています（御厨・飯尾［2014: 8］）．それでも新聞記事では，「災後の東北像」，「災後を生きる」，「災後の歩み」といった形で最近も用いられ，ある程度は定着してきたようです．共通体験とは，日本人の多くが共有しうる「物語」といってもよいでしょう．戦争から戦後の歴史をストーリー的に要約すれば，勝ち目のない愚かな戦争で多くの人々が死に，皆が苦しんだが，敗戦でその過ちを心から悔い，平和国家建設のために皆が力を合わせ，豊かな社会をつくっていった，という物語の共有が確かにありました．その物語があればこそ，戦後はコンセンサスに基づく政治行政の運営が可能になったといえます．バブル崩壊以降，そうした共通の物語が希薄になっていたところに，あの大地震・津波・原発事故が起き，電力不足に関しては東北地方を超えて，首都圏を含む多くの日本人がその深刻な影響を体験しました．

御厨氏は，「戦後」は延びていくばかりで，戦後が終わるためには戦争とか大災害のような共通体験の必要を不謹慎ながら誰もが感じていたのではないか，と指摘します．そして今回の出来事は，地震・津波という天災と，原発事故という人災が複合的に起こったため，エネルギー・物資・食料の供給に支障が生じ，「日本人の基本的なものの考え方や行動様式を，長期的には大きく変える契機となら

4）1955年に保守勢力の合同により自由民主党が結成され，他方革新勢力により日本社会党が再統一されたことから，その後の自民党一党支配に万年野党の革新勢力が対抗する政治の構図を「55年体制」と呼ぶようになりました．1993年の非自民による連立内閣の成立，2009年の民主党による政権交代で途切れたかに見えましたが，2012年末に自民党が再度政権に復帰しました．

ざるを得ない」として，「『災後』というひとつの新しい時代が始まると考える」と述べています（御厨［2011: 28］）．明治以来の近代化路線，人口増，経済成長はすでに限界に来ていましたが，「新しい社会像への自己変革」が実現できず，この大災害を機に変わらざるを得なくなった，ととらえたわけです．

　戦後改革による変化をふり返りますと，憲法改正による国民主権への転換，軍の解体と平和主義，地方自治の制度保障などがありました．憲政改革としては画期的だった半面，実際には戦後政治も官僚主導を脱却できず，依然として中央集権構造が持続しているのではないかといった疑問も拭えず，1980 年代からさまざまな改革が行われてきました．「戦後」が何を意味し，「災後」がどんな時代を指すのか，もとより共通の理解があるわけではありません．しかし，戦後改革が不十分であった，あるいは戦後の高度成長路線を前提にした政治・経済・社会システムの転換は不可避である，といった見方はかなり共有されてきました．そうした改革の実質を検証するためにも，今回の大災害への対応は，現代日本の変化と連続を考える大きな手がかりになると思います．

2．補完性の原理

　「災後」はマクロの時代区分にかかわる概念ですが，ミクロにも災害直後の問題として論じることができます．そこでまず，被災直後の対応について考えてみることにします．

　大震災などの自然災害時に，身の安全を確保するために「自助」が基本となることは特に説明を要しないでしょう．頭上の落下物から自分を守り，台所の火を消し，倒壊する建物から脱出しうるのはほかならぬ自分自身です．揺れが収まり，自分の安全が確保できて初めて家族や隣人を助け

ることが可能となります．互いの距離が近ければ，家族・コミュニティ・職場での「共助」は，発災から数分以内に始まり，避難所での生活を考えると数か月は形を変えて続きます．これに対し，行政による消火・救出という「公助」が始動するのは，交通マヒを引き起こす大震災の場合は早くて当日，地域によっては翌日以降になります．自衛隊など国の支援が届くのはそれより遅くなりがちで，公助は自助・共助の補完でしかありません．むろん，復旧・復興の段階になれば公助が最も力強い推進力となるでしょう．阪神淡路大震災の経験から，この「自助」→「共助」→「公助」という上昇（upsealing）の関係は実感をもって日本人に理解されることになりました．

　このことを，より包括的なガバナンスのメカニズムとして説明しているのが，欧米で使われる「補完性の原理」(principle of subsidiarity) です．この原理はカトリックの社会思想に基礎をもち，「個人が自発的かつ自ら処理できる事柄を共同体が個人から奪ってはならないのと同様に，より下位の団体が処理できる事柄をとり上げて上位の共同体に与えてはならない」というローマ法王の回勅が起源とされています．法律用語としては，1992年のマーストリヒト条約の中で，ヨーロッパ圏域の政府であるEUの創設に際し，多層の政府間の権限関係を整理するために用いられました．また1985年の欧州地方自治憲章も，「公共の任務は一般に市民に最も身近な行政主体が優先的に遂行し，他の主体への配分は任務の範囲と性質，効率性と経済性の要請を考慮に入れなければならない」（4条の3）と定め，自治体優位の原則を記しています．

　日本でこの原理が注目されたのは，1990年代半ばに始まる地方分権改革と関係しています．戦前から続く官治集権体制の矛盾が明らかとなり，地域の問題はその地域住民が主体となって解決し，国は「お上」として地方を統制す

るのではなく，むしろ自治体の補完的役割を果たすことが求められるようになりました．国の縦割りに対する「地域総合」，全国画一に対する「地域個性」，国の対応の遅れに対する「地域先導」といった新しい要請に応答すべく，地方分権一括法が2000年に施行されました．改正された地方自治法（1条の2）には，補完性の考え方が反映されています．外交・防衛・金融などのように，今後も国が主導すべき政策分野はありますが，福祉や都市計画といったそれ以外の多くの生活関連分野では，市町村優先の考え方が基本に据えられました[5]．そして都道府県は広域自治体として市町村が対応しきれない業務を補完し，さらに国が地方を補完するという原則が確認されたわけです．これらは垂直的な補完ですが，被災した市町村への支援の場合，被災していない市町村による水平的な補完も実際に多数行われ，有効だったといわれています．

なお，地方分権改革は国と自治体の関係の見直し，つまり「団体自治」の拡充に主眼が置かれたため，参加を媒介とした住民と自治体の関係の見直し，つまり「住民自治」の強化は各自治体の対応に委ねられたともいえます．折しも地方財政の悪化で自治体による公共サービスの量的限界が明らかとなり，企業やNPO・コミュニティ・ボランティアによる肩代わりや，市民と行政の協働領域の模索も始まりました．そうした動きも含め，2000年以降は市民社会と3層の政府，つまり自治体・国・国際機関の間の役割分担，関係の再編が進んできました．そうした戦後システムの変容という文脈の中で東日本大震災が起き，改革の理念である以上に，生存の必然として自助・共助・公助の関係が注目されるようになったのです．

5）地方分権改革の経緯とその後の課題に関しては，西尾勝［2007］および同［2013］参照．改革の重心は，団体自治の拡充から住民自治の強化にシフトしています．

III. 自助と「津波てんでんこ」

1. 釜石の奇跡

東日本大震災と津波において,「自助」の重要さを全国に知らしめたのは,「釜石の奇跡」と呼ばれた岩手県釜石市の防災教育でした．同市では 2004 年頃から小中学校の防災教育に力を入れ,そのエッセンスは「津波てんでんこ」という言葉に集約されています．この言葉が意味するところは,地震・津波が来たら人を助けるよりも,各自がてんでんばらばらに高台に逃げよというもので,自助を最優先した考え方といえます．3 月 11 日午後 3 時 21 分の津波襲来時,釜石市の約 3000 人の小中学生のほぼ全員が高台に避難して無事でした．地震発生時に学校にいて教師に誘導された生徒たちだけではなく,短縮授業のため帰宅していた釜石小学校の生徒たちも,それぞれの判断で高台に避難しました．犠牲となったのは,病欠などで学校の管理下を離れていた 5 人の子どものみで,「子どもたちの生存率 99.8%」と報道されました．

この「釜石の奇跡」の立役者と言われたのが,群馬大学の片田敏孝教授（防災工学）です．片田教授が防災教育に取り組むことになったきっかけは,2003 年 5 月 26 日に起こった宮城県沖地震の際,東北の沿岸部で自発的に高台に避難した市民がほとんどいなかった事実でした．このことに強い危機感をもった片田教授は,津波防災教育を始めようと三陸地方の自治体に声をかけ,唯一手を挙げたのが釜石市でした．しかし,翌 2004 年から大人向けの講演会を始めたものの反応が芳しくないため,教育長にかけあって子どもへの教育に焦点を定め,2006 年から全小中学校を対象に津波防災教育が本格化しました．

避難の際の 3 原則は,(1) 想定にとらわれるな,(2) 最

善を尽くせ，(3) 率先避難者たれ，というもので，それぞれに補足すれば，(1) 事前予想のハザードマップなどを信じるな，(2) もっと高くより安全なところに逃げろ，(3) 他人のことは放っておいて自分が真っ先に逃げろ（他の人はそれを見て逃げるので心配ない），という趣旨の教育でした．片田教授はまた，津波を無用に怖がらせて子どもたちを釜石嫌いにしてはいけないと考え，「脅し」ではなく郷土愛を育む「お作法」を身につける教育を目指したといいます．その結果，9メートルを超える津波が釜石を襲った際にも，子どもたちは大人や先生から指示があったからではなく，自らの主体的な判断で高台に逃げることができました（NHKスペシャル取材班［2015: 3章］）．

　2009年から同市の防災課長を務めることになる佐々木守氏は，小中学校の防災教育にまず着手しました．そして，各地区に自主防災組織をつくって訓練を行ってきた経験から，従来の防災訓練は役に立たず，より実践的で効果的なのは筋書きのない訓練であり，より多くの人が参加できる仕組みが必要だと述べています（東大社研ほか編［2014: 354］）．釜石市の防災に対する際立った取り組みはメディアなどでも伝えられましたが，釜石市全体で1000人を超える犠牲者を出したことについて，佐々木元課長は「自分は失格だ」と悔やんでいました．佐々木氏が強調する「自助」「自立」の重要性と行政の限界こそが，「津波てんでんこ」の教えだといえるでしょう．

2．大川の悲劇

　ここで，しばしば「釜石の奇跡」とのコントラストで報じられてきた，宮城県石巻市の「大川の悲劇」についても見ておくことにします．石巻市立大川小学校では3月11日の地震後，生徒たちを50分近く校庭に待機させ，3時37分に学校一帯を襲った津波により全校児童108人のう

ち74人の命が奪われました．当日の欠席者と，保護者が引きとった生徒を除く子どもたちは，三角地帯と呼ばれる川下に歩き始め，その直後に約9メートルの津波に呑み込まれ，奇跡的に生き残ったのは4人のみでした．教員も，この日留守をしていた校長以外に，1人の教員が助かっただけでした．地震から津波襲来までの間，校庭の待機していた子供たちの中には，学校裏の山を指して「山さ逃げよう！」と叫んだ者もいるといわれ，生き残った男性教諭が山に逃げるよう声を張り上げていたとの証言もあります．そうしなかった理由としては，木が倒れて山は危険だったという説明がされていました．とはいえ，裏山には実際に倒木はなく，シイタケ栽培で生徒たちもよく登っており，決して未知の場所ではなかったことが明らかになっています（池上・加藤［2012］）．

　生存者が少なく，2015年末現在も係争（遺族による国家賠償請求）中のため確定できない事実もありますが，事態が明らかになるにつれ，遺族には子どもたちが自分勝手な行動を許されなかったことがわかり，口々に「先生がいないほうが，助かった」といっているとのことです．そして，地震から津波到達までなぜ校庭にとどまったのか，大津波襲来の情報を得ていなかったのか，早く高いところへという意見は出なかったのか，といった疑問が出されながら，十分な説明がなされないままだといいます（池上・加藤［2012: 310］）．

　釜石と大川小の経験を対比すると，自助の精神に立脚した釜石の防災教育の有効性に強く印象づけられます．しかし，日本の教育全体を見渡すならば，生徒の主体的判断を育もうとする試みの方がむしろ例外的かも知れません．災後の教育のあり方を考える際の大きなヒントになるように思います．

Ⅳ. 共助とコミュニティ形成

1. 震災時の共助の重要性

　個人の判断を重視する「自助」に続き，近隣およびコミュニティでの「共助」について考えることにします．「コミュニティ」に相当する日本語は「共同体」ですが，戦前の閉鎖的な町内会を連想させることから，戦後は地域での新しい関係のあり方を「コミュニティ」と呼ぶことが一般化しました．カタカナ表記を避ける傾向のある条例等でも，早い段階から使われてきた言葉です．三鷹市はコミュニティ行政の先駆自治体で，1970年代から住区ごとにコミュニティセンターを行政が設置し，「カネは出すが口は出さない」という方針の下，市民の自由な活動を側面支援してきました．行政協力団体としてではなく，市民の自発的な連帯と参加の場を目指し，その上で必要に応じ対等のパートナーとして行政と協働するという考え方に立っています．都市化した現代社会では，コミュニティの有無・強弱が市民生活にどの程度の違いをもたらすのか，必ずしも十分意識されませんが，災害時には決定的な意味を持つことを理解する必要があります．

　1923（大正12）年の関東大震災では，共助の有無，住民同士の信頼関係が生死を分けたといっても過言ではありません．約10万人といわれる死者・行方不明者のうち，焼死が9万人を占めたとされ，神田佐久間町では数百人の住民がバケツリレーで四方八方から迫りくる火災に立ち向かい，実に36時間におよぶ消火活動の末，約1600戸の地域を守り通した記録が残っています．消火に失敗すれば全員焼死の危機にありましたが，神田川の利水と住民の協力が生んだ奇跡といえます．実際，上空から東京の焼け跡を見ると，同地区だけが砂漠のオアシスのようにそのまま残っ

ていたそうです（吉村［1977: 101-7］）．

　他方，関東大震災で忘れてはならないことに，地震や火災と別に6000人を超える住民が虐殺された事実があります．震災後，朝鮮人による放火や略奪のデマが飛び交い，地区ごとの自警団が朝鮮人らしき人を捕まえ，アイウエオとかパピプペポと言わせ，発音がおかしいと放火の濡れ衣を着せて日本刀などで殺害したと言われています．『河北新報』に載った「血迷える群衆の蛮行は一生忘れぬ」と題する記事は，1人の軍人の次のような体験を伝えています．この軍人は神田で被災し，超満員の東北線の列車で仙台まで行く途中，白川駅で水を飲もうとしたところ，自警団員に「朝鮮人だ」と叫ばれ，「自分は帝国軍人だ」と抗弁しても，「嘘をつけ．殺してしまえ」と声が上がり，握り飯の袋まで爆弾と間違われ，暴徒と化した自警団に襲われたところを，駆けつけた警官にかろうじて保護されたと記されています（吉村［1977：168-88］）．

　コミュニティの存在を仮に「有無」の違いとしてとらえると，共同体的な関係があれば共助が働き，なければ共助がゼロで機能しないことになります．しかし実際には，コミュニティが不在であれば単に共助がゼロになるのではなく，相互不信や差別感を背景に社会不安やテロの原因になり，むしろマイナス面が大きいと考えられます．

2．避難所・仮設住宅でのコミュニティ形成

　大正末期と現代とでは，人々の地域でのつながり方も，外国人との関係も大きく異なります．住民による消防機能の分担は減少する一方，デマや偏見に基づく殺害は概ね過去のものとなったといえます．コミュニティは一見希薄になったかもしれませんが，日本社会の文化度や潜在的協力度は確実に高まっています．とはいえ，大震災という危機状況，身体的および心理的な限界状況下では，相互不信や

不安が生まれることも避けられず，実際，報道自体は少なくても，避難所でのけんかや抗争の話が現場で語られることは少なくありません．阪神淡路大震災の後，ある避難所で聞いた自治組織形成までの経緯は，共助が決してきれいごとではないこと，そして住民の自治への意志とリーダーシップが不可欠であることを物語るものでした[6]．

　震災直後から避難所となった神戸市長田区の長楽小学校では，避難者数が2000人にふくれ上がり，水や食料の欠乏，トイレなど衛生状態の悪化に加え，寒さしのぎに生徒の作品が燃やされるといった事態となり，秩序感が全く失われていました．そこで，地元で衣料品店を営む傍ら自治会長を務めていた小林伊三郎氏は，住民の顔をよく知っていたこともあり，3日目に班の編成と世話人選出の必要を決死の思いで訴え出ました．その場は怒号が飛び交い，相互不信の空気が蔓延し，小林氏自身も身の危険を感じたといいますが，「自分も家と店と商品を失い，気絶して99％死んどった男や．1％の確率でいま皆と会うとる．一緒に協力しょうや」と呼びかけ，3時間がかりで懸命に説得したそうです．選出された世話人がコアメンバーとなり，そこから「自治」が始動することになりました．

　東日本大震災では，こうした経験が生かされたと思いますが，避難所でのコミュニティづくりはマニュアルが役に立たない状況依存性をもちます．行政職員にも住民にも，そうした経験がある場合は稀で，個人のイニシアティブと住民の協力，それに行政からのサポートが不可欠となります．その中で，避難所や仮設住宅ごとの自治会（コミュニティ）形成の違いはどこから生まれるのか，新聞に紹介された次の対比は示唆的です．

　岩手県大船渡市の大船渡中学校脇の仮設団地（130戸）に住む田中泉さん（75）は，2011年5月の入居直後から，通学路での事故防止や車のとめ方などのルール作りが必要

[6] 震災から50日目の1995年3月1日，私は研究者仲間と神戸市長田区を訪れ，区役所の紹介で避難所になっている長楽小学校を訪問し，運営委員会委員長の小林伊三郎氏から以下の話を伺いました．

だと感じ，自治会の発足に向けて動き出しました．ところが，入居者の家族構成や出身地区を知ろうと市に名簿の閲覧を求めたが断られ，結局つてをたどって賛同者を集め，8月31日に準備会の開催にこぎ着けます．しかし，「詳細な入居者名簿があればもっと早く自治会ができたのに」と残念がったといいます．その際，市は「個人情報が特定されるものは出せない」との立場を曲げなかったようです．

　一方，同じ岩手県の陸前高田市では，入居時の説明会で自治会設立と名簿の提供の同意を入居者から取り付け，市の主導で51か所の団地のすべてに自治会を作りました．宮城県名取市でも，市が自治会作りの話し合いの場を設け，チラシを配って参加を呼び掛けるなどして，8か所の仮設団地すべてに自治会ができたと報じられています（『読売新聞』2011年9月20日〔東京〕）．

　ここには，共助による自治組織の形成に関しても，行政の姿勢が大きくかかわっていることが示されています．また，共助とはいっても，行政が動く前に誰かがイニシアティブをとることが不可欠で，そこには個人による自助の要素も介在します．そこで自助と共助の関係について，もう少し考えてみたいと思います．

3．自助と共助の相互性

　先に紹介した釜石の「津波てんでんこ」について，それが自分勝手で利己的な行動を助長するのではないかという批判があり，片田教授は次のように反論しています．

　一般に人は，津波など差し迫った危機を知らされても，「大したことはないだろう」とか，「自分は大丈夫だ」といった「正常性バイアス」が働くといいます．NHK取材班はスタジオで実験を行い，非常ベルを鳴らしても誰一人逃げようとしない「正常性バイアス」の強力な作用を確認しています．片田教授は，だからこそ子どもたちに「まず君

が逃げろ」と伝えたのだといいます．「自分だけ走っていくのは，恥ずかしいことかも知れない．間違っていたら，後で笑われるかもしれない．それでも君が逃げることで，周りの人たちも『逃げなくちゃいけないんだ』と感じ，つられて逃げるだろう．それがみんなのいのちを守ることにつながるんだ」と教えるのだそうです（NHK スペシャル取材班［2015: 137］）．

　私は新生釜石教会の柳谷雄介牧師から被災時の心理を聞いたことがありますが，震災が来て津波警報を聞いても海岸から遠いため危機感はなく，しばらく会堂内にいて，外の通りを走る人たちを見て一緒に高台に逃げ始め，間一髪助かったと語っていました．釜石小学校では，逃げようとしない生徒もおり，上級生が下級生を，兄や姉が弟・妹に手を差し伸べることで全員が避難することができたといいます．ある5年生の男子生徒は，両親のことが心配になり，海辺の自宅に戻ろうとしたところ，友人から「家に戻ったら津波で死んじゃうんだぞ！逃げなくちゃだめだ！」と大声で怒鳴られ，その剣幕に押されて一緒に避難したそうです（NHK スペシャル取材班［2015: 81］）．

　これらは自助の精神が周囲に伝わり，共助を促した例といえますが，そうした強い自助の気持ちはどこから来るのでしょうか．昼間は家族が別々の場所にいることが多く，地震が来ると当然ながら家族の安否が気になります．自宅に戻ろうとするのが人情といってよいでしょう．にもかかわらず，津波てんでんこが「率先避難者たれ」と教えることの前提には，家族も知人もきっと自力で避難するだろうという信頼感が基礎になっています．釜石小3年の永瀬大喜君は，震災時には自宅におり，母親が戻ってくるかどうか迷っていました．しかし，先生たちから「自分の身は自分で守れ，お父さんやお母さんのことは考えないで，自分一人でも生きのびろ」と言われていたことを思い出し，避

難所の公園に向かったといいます．一方，ホテルの食堂で働いていた母親も，3人の子どもの所在がわからず，どうしようかと思いつつ，「私が死んでしまったらどうしようもない．とりあえず自分が逃げる．きっと大喜も逃げているだろう．生きていれば必ず会える」と考えて公園に逃げ，そこで夫と大喜君に合流できたそうです（NHK スペシャル取材班［2015: 47-53］）．このように自助と共助の精神とは，「利己心」と「利他心」の違いではありません．むしろ両者は，相互の信頼を媒介にして意外に連続していることがわかります．このことは，個人主義の伝統の強い西欧の文化の中で，コミュニティと自治が豊かに育っていることにも通じるでしょう．

V. 公助と協働型ガバナンス

1. 発災後の対応と自治体間連携

3番目に公助をとり上げたいと思います．公助とは文字どおり，国や自治体が公共サービスを通して市民生活を支え助けることであり，「お上」が人々を支配することではありません．現代の国家は「サービス・ステイト」と呼ばれるように，今や政府の存在理由は市民の信託に応え，必要なサービスを効率的に提供することにあります．

先に述べた自治体・国・国際機関の関係は「政府間関係論」と呼ばれ，政策分野ごとに異なる連携がダイナミックに生じるため，複雑な様相を呈しています．また，どのレベルの政府も民営化や外部化の流れの中でNPO・市民・企業などと協働する場面が増え，いわゆる「マルチレベルのガバナンス」が柔軟なネットワークを通して課題解決を行う時代になりました．以下では，その関係の全体を扱うことはむずかしいので，現場の危機対応の例から公助について考えることにします．

まず，震災などの大災害では現場の基礎自治体も被災するため，行政サービスへのニーズと供給との間に極端な落差が生じます．東日本大震災では，岩手県大槌町のように津波で町長を含む多数の職員が犠牲になった自治体もありました．職員がまず自らの命を守るのは当然のことで，津波の危険が迫っていれば首長や幹部であってもまず高台に逃げるべきです[7]．しかし一たび身の安全が確保されれば，被災自治体の職員には膨大な業務が降りかかってきます．私たちは2015年秋以降，被災した自治体の防災・危機管理の担当者にヒアリングを行ってきましたが[8]，発災直後は不眠不休，その後も帰宅さえ困難で，多くは5月になってようやく休みをとったと語っていました．動ける職員が少ない上に非日常の新規業務が生じるため，公式には記録されないことですが，指揮をとる立場では「使えない職員」や「気の利かない職員」は諦め，「使える職員」「できる職員」をとことん使うしかなかったといいます．また無数の問い合わせが上がってくるため，幹部としては時間をかけて判断する余裕がなく，「五十歩百歩」の気持ちで次々と指示を出したそうです．

非日常の業務の1つに遺体の処置があります．安置所の設置の決定，次に身元確認作業，確認が終われば火葬して埋葬しますが，釜石市では1週間たっても2割程度の確認しかできず，検死をする医師から「腐敗してきている．どうするんだ」と迫られます．佐々木重雄副市長は悩んだ末に，「土葬もやむなし」との判断を下し，2か所の土葬場所を造成しました．そうすると土葬だけは避けたいという市民の心理が働き，8割まで一気に身元確認が進みました．ところが，今度は市内3か所の火葬場では追いつかず，岩手県のほか秋田市・青森市など6市に依頼して何とか火葬・埋葬ができたといいます．とはいえ，搬送はすべて釜石市が行い，火葬への出発時刻が午前3時になるなど，遺

7）大槌の加藤宏暉町長以下十数人の幹部職員は地震後，役場の前で対策会議を開いていたとされ，津波で多くの職員が命を落としています（『朝日新聞』2011年4月21日）．「想定外」ということかも知れませんが，同町では津波てんでんこの教えが生きていなかったといえるでしょう．

8）科学研究費プロジェクトの一環として，私は Richard Pratt ハワイ大学教授と，宮城県庁，岩手県庁，岩沼市，釜石市，陸前高田市，奥州市で訪問調査を行ってきました．個々の氏名は挙げませんが，インタビューに応じていただいた方々にこの場を借りてお礼申しあげます．

族に申し訳なかったと副市長は回想しています（東大社研ほか編［2014: 84-86］）.

　発災後の状況では，先の「補完性の原理」が鮮明に現われます．基礎自治体（市町村）が救助・被災者支援・避難所運営の最前線となり，広域自治体（都道府県）は市町村への支援，国はさらにその支援に徹する形で関係が再編されます．これが垂直的な補完だとすると，被災を免れた周辺自治体や東北以外の自治体は職員派遣や被災者受け入れなどの形で水平的な補完を行うことになります．その場合，迅速な支援体制が敷かれたのは日頃から関係が築かれている自治体同士の連携でした．例えば遠野市は2007年11月，釜石市，宮古市，大船渡市など9市町村と「三陸地域地震被害後方支援拠点施設整備推進協議会」を立ち上げており，これが発災直後から有効に機能し，避難所開設から物資の集積，救援隊派遣まで迅速に行われたといいます（本田［2012: 8］）．消防・水道・給水車・し尿処理・福祉などライフライン関連の現場は市町村であり，遠隔地であっても基礎自治体からの応援は県や国とは異なる，水平的な協力関係と呼べるでしょう.

2．現場における課題と留意点

　以上，基礎自治体に焦点を当てて公助の一端を見てきましたが，県は医療や仮設住宅，国は道路交通の確保や自衛隊の派遣など，それぞれ固有の役割をもち，復興段階に移行すると膨大な量のがれき処理から大規模な公共事業を担うようになります．とはいえ，住民の自立支援という観点から見れば，災後のどの段階でも公助は自助・共助に対して補完の役割を果たし，公助の中ではまず市町村を基本にし，県・国の順で補完していく必要があります．そこで，被災自治体でのヒアリングを通して私が感じた疑問点を3点示しておくことにします．

第1は，情報の吸い上げ問題です．被災自治体では，地震による停電でラジオを除く情報回路が途絶し，自家発電のあった県庁でも被災状況の把握はテレビに頼っていたといいます．災害対応は情報に依存するため，国は県に，県は市町村に情報を求めがちですが，現場の役所は崩壊状態で対応できず，報告を求めることは不要な負担を強いることになります．県や国は，周辺自治体が水平的協力として行っていたように，人を派遣し，物資を送り，現場が必要とする情報を先回りして提供すべきです．釜石市の火葬ニーズに関して，依頼を受けた遠野市の本田市長は，県がファックスで費用を負担すると伝えたことに対し，現場の感覚では費用の問題などより県内外の自治体に打診してコーディネートすることこそ県の役割ではないかと述べています（本田［2012: 8］）．市町村は県や国の手足だという隠れた意識が露呈すると，深い不信感を生じかねません．

　第2は，非常時の制度運用についての考え方です．個人情報の扱いに関しては先に論じましたが，目的に即した制度・慣行の柔軟な運用は危機に際してはとくに重要で，担当者が弾力的に判断し，トップが責任をとるという意志を明確にする必要があります．ところが実際には，職員が日常と同じく細かな規制や費用，慣例を機械的に適用するあまり，喫緊のニーズへの対応を阻みがちとなります．避難所生活が長引く住民を一時温泉のあるホテルに滞在させたり，仮設住宅の建設・運用上の条件を緩和するといった対応には，現場に近い担当者が柔軟に決め，首長に逐一判断を仰がないことが肝要です．そうした判断は，それが人々にとって必要かつ有効かという観点からの「政策型思考」に基づく必要があるでしょう．

　第3に，非常時に組織同士・人間同士の連携を支えるものは何かという問題があります．私たちはヒアリングの際に，危機管理におけるリーダーシップの条件に注目したの

写真1 津波を生きのび,枯死する前の奇跡の一本松（2011年8月,陸前高田で西尾撮影）

ですが,日常的な組織内外の人的関係,仕事や研修を通じた近隣自治体・県・国とのネットワーク,サークルなどを通じた地域のさまざまな関係が危機対応における大きな力の源泉であることに気づきました.個々の判断の的確性もさることながら,日頃の相互の信頼を基礎に多くの困難な業務が前進していったことを知りました.県がもつ規制権限を緩やかに運用してもらうために,知人への一本の電話が有効なこともあるわけです.裏を返すと,職員が日頃から職場を歩き,現場を回り,人と話し,旅をし,研修や勉強会にマメに顔を出すといった積み重ねが危機に際して底力を発揮するという事実は新鮮な発見でした.

VI. おわりに

以上,本章では震災後の自治とガバナンスをめぐって,被災現場に降り立って自助・共助・公助の関係を考えてきました.行政学がもともと公助を扱うことからいえば,官邸の危機管理,復興庁の役割,福島原発事故への対応とその後のエネルギー政策の変化に言及すべきだったかもし

れません．あるいは，複数の職員が難しい課題だったと語っていたメディア対応も，行政への批判と支持に直結する「争点化」という文脈でとり上げる必要があったと思います．紙幅の制約で，ごく限られた対象についての不十分な議論にとどまりましたが，おわりに「災後」の日本で一体何が変わり，また何が変わりにくいのかについて，短くまとめておくことにします．

　まず，行政の役割と限界が再認識されたことの意義は大きいと思います．水道や交通などのライフラインも安全も自明でなくなった以上，行政が崩壊するような大災害では，自分の命は自分で守り，家族やコミュニティで支えあうという「DIY」（Do It Yourself）の気概と技術が不可欠です．「自治」とは憲法に書かれたよそよそしい理念ではなく，災後の世界に生きる日本人の新しい知恵の核になるのではないでしょうか．

　次に，行政が単独でできる事業は減少し，公助とても協働のネットワークの中ではじめて有効に働く現実に理解が進んできました．それは国・自治体を問わず深刻化する財政難と職員の削減からも明らかですが，災後のガバナンスを支える日常的な協力関係の構築が進んでいるとはいえません．NPOやボランティアなど市民社会の拡充の半面，行政職員はペーパーワークに追われがちで，職場や地域，あるいは全国ネットの研究集会などで多様な人々と有機的な関係を築く機会はむしろ減っている印象をもちます．被災後の現場で活躍した職員を育てた環境がどんなものだったのか，検証が必要ですし，職員の能力を実質的に評価し，育成するシステムの構築も急務です．

　このことと関係しますが，第3に，私たちが「責任ある柔軟性」（responsible flexibility）と呼ぶ災後の行政の新しい秩序は依然萌芽的なものを脱していません（Pratt and Nishio [2013: 46-48]）．個人情報の扱い，みなし仮設（民間

賃貸住宅）を含む仮設住宅のあり方など，現場の実態に即した制度の柔軟で責任ある運用は個別には見られましたが，権限委譲，関与の縮小，裁量の拡大，説明責任の強化という分権改革の実態は道半ばといえます．これが実現に向かうためには，市民による不断の監視と参加，そのための行政情報の開示が必要です．農業やエネルギーの分野だけでなく，政策づくりや制度運用の「地産地消」が求められる所以です．

「災後」も5年が経過すると，元の秩序に逆戻りする現象が目立ちます．その大きな要因として「リスク社会」と呼ばれる状況が指摘できるでしょう（ベック他編［2011］，村上［1998］）．現代は客観的に見ると科学技術の発達でより安全な社会になったと考えられますが，主観的にはテロ・感染症・経済危機などのリスクをより強く感じる「不安な社会」になったともいえます．災害や失業や孤独などで人々の不安感が高まると，行政としてもリスクが冒せない心理になり，無難で保身的な路線をとることが柔軟性を失わせ，発想を貧困にし，外部との連携を弱めます．震災直後から危機管理の担当者が大胆で柔軟な判断を下せたのは，生命と安全に意識を集中し，無数の事柄に明確な優先順位をつけることができたからだと考えられます．

ある職員は，報告を求める上位組織について「彼らは命を見ていない」と厳しい口調で語っていました．文脈はさまざまですが，公務に携わるすべての政治家と職員に，また私たちにも向けられた言葉ではないかと思います．

Discussion Questions

(1)「災後」の学校教育では，自助・共助・公助について，どう教えるべきでしょうか．
(2) 非常時に役立つコミュニティをつくるために，どんな日常活動が有効だと思いますか．
(3) 多数の法令・規則に基づいて動いている行政に対し，「責任ある柔軟性」を求めたい場面を具体的に考えてみましょう．

【参考文献】

池上正樹・加藤順子　2012　『あのとき，大川小学校で何が起きたのか』青志社．
今井照　2014　『自治体再建――原発避難と「移動する村」』ちくま新書．
NHK スペシャル取材班　2015　『釜石の奇跡』イーストプレス．
大西隆他編　2013　『東日本大震災――復興まちづくり最前線』学芸出版社．
国際基督教大学平和研究所編　2013　『脱原発のための平和学』法律文化社．
東大社研・中村尚史・玄田有史編　2014　『〈持ち場〉の希望学』東京大学出版会．
ドラ・ド・ヨング　1961　『あらしの前／あらしのあと』吉野源三郎訳，岩波書店．
西尾隆　2016　『現代の行政と公共政策』放送大学教育振興会．
西尾勝　2007　『地方分権改革』東京大学出版会．
―――　2013　『自治・分権再考』ぎょうせい．
根岸康雄　2012　『生存者――3.11 大槌町，津波てんでんこ』双葉社．
U・ベック／鈴木崇徳他編　2011　『リスク化する日本社会』岩波書店．
本田敏秋　2012　「遠野市の沿岸被災地後方支援」市町村アカデミー『アカデミア』第 103 号，6-9 頁．
松下圭一　1991　『政策型思考と政治』東京大学出版会．
丸山眞男　1998　『丸山眞男講義録・政治学 1960』東京大学出版会．
御厨貴　2011　『「戦後」が終わり，「災後」が始まる』千倉書房．
御厨貴・飯尾潤編　2014　『災後の文明』阪急コミュニケーションズ．
村上陽一郎　1998　『安全学』青土社．
吉村昭　1977　『関東大震災』文春文庫．
R. Pratt and T. Nishio　2013　"Musashino Place and the Concept of Responsible Flexibility: The Public Organization of the Future for Local Government?" in *the Journal of Social Science*, vol. 76, pp. 25-54.

【公共政策学／Public Policy】

第5章
なぜ今再び原発推進か
―― 福島第一原発事故前後の原子力政策の変化と隠された争点 ――

大森佐和

> 福島原子力発電所事故以降，将来のエネルギー政策のあり方について「脱原発」「原発推進」「原発フェードアウト」「卒原発」「縮原発」など，政策議論の場面においてさまざまな意見が提案され，日本のエネルギー政策についての意見の対立が顕在化しました．この問題に対する意見の対立は根深く，問題をどのように解決していくべきかというその対策はもとより，いわば議論の入り口でもある何が政策上の課題であるのかという，問題の設定の方策も一致せず，議論は混迷を極めたと言わざるを得ません．しかし，国による原子力発電所再稼働の決定を通し，これまでのような意見の対立が見えにくくなり，議論が収束したかのような様相を呈しています．本章は，東日本大震災前後の日本の政策議論に着目し，公共政策学の観点から分析を行います．何が，どのような理由で争点として取り上げられ，その過程で何が切り捨てられているのか，といった問題意識を持ちこの問題を考えてみましょう．

［Key Words: アジェンダ設定・非決定の決定・
福島原子力発電所事故・小選挙区制］

●公共政策学とは

・公共政策学の特徴

　公共政策とはどのような学問で，どのような問いを立てるのでしょうか．公共政策学という分野の学問の第一の特徴は，学際性とアプローチの多様性にあります．政治学・経済学・行政学などのさまざまな観点から公共政策学へのアプロー

チが可能です．本章は，政治学的な観点からの公共政策学の立場をとっています．公共政策とは何かに関してはさまざまな定義がありますが，一般的に公共政策とは，政府による規則・法律・目標・基準・計画などの決定の結果，あるいは決定しないという決定の結果を指します．このように，公共政策とは，法律として制定されたもののみでなく，基本計画や基準，目標などの多様な内容を含みます．また，公共政策には，国家レベルで政府が策定する政策だけでなく，地方自治体が市町村レベルで行う政策も含まれます．さらに，国際機関がさまざまな取り組みを国際的に行っている政策も，国際公共政策として含まれます．そのため公共政策学は，国際レベルでは国際関係学や国際行政学と連関があり，国や地方レベルでは政治学や行政学と連関があります．また，たとえば福祉政策・農業政策・教育政策・経済政策・エネルギー政策・環境政策など，その政策の内容によっても専門性が多岐にわたり，学際的かつ多様性のある学問なのです．

公共政策学の第二の特徴は，能動的な学問であるという点です．公共政策学は，しばしば「公共問題の解決を目指して構想・実施される処方箋」であると定義されます（足立［2009：7］）．このように問題解決の処方箋を作り出そうとする能動的なところも公共政策学の大きな特徴の一つです．ただし現実の複雑な諸課題を前に，特効薬や万能薬を簡単に見つけることができる学問という意味ではありません．むしろ，何が政策上の課題であり，それをどのように解決してゆくことが望ましいかを考える営みには，誰がどのような現状に置かれ影響を受けているか，なぜそうした現状の問題が生じるのか，それをどのように変えていくことができるのかについての思考と検証を不断に必要とするといえるでしょう．

なお公共政策学がとる方法論にはさまざまな方法があります．公共政策を経済学的なアプローチから行う場合には，数理的なモデルを用いることもありますし，政治学的なアプローチから行う公共政策学ではインタビューや文献調査に基づく事例研究といった質的調査法が主流です．しかし最近では，米国の学術論文などでは統計学的手法を用いてデータの分析を行う量的調査法が用いられることも増えてきています．

本章では，震災後の原子力政策をとりあげ，原子力政策がどのように変化し，なぜそうした変化が生まれたのか，その政策過程——政策が策定されてゆく過程を政策過程といいます——を分析します．方法論としては，文献調査に基づいた事例研究という質的調査法を用いた分析になります．本章では，政策過程の中で

も，その一部である「アジェンダ設定過程」に注目します．以下に「アジェンダ設定過程」の一般的説明と，鍵となる概念として「焦点化される出来事」と「非決定の決定」という概念を紹介します．

・アジェンダ設定過程とは

公共政策学で広く用いられている政策過程を説明する「政策サイクル」というモデルがあります．これは政策過程をアジェンダ設定─政策形成─意思決定─政策実施─政策評価の一連のプロセスであると考えるものです（より詳しい説明は大森［2016］参照）．その中で，アジェンダ設定過程とはまず一番目となる過程です．それではアジェンダとは何でしょうか．アジェンダとは，「社会や市民・議員・官僚などが，解決が必要であると注意を向け，争点となる問題」のことを指します．争点とは「議論の対象となる主な点」です．つまり，アジェンダ設定過程は，ある問題が起こっているか否か，何が原因で問題が起こっているのか，そしてそれは今解決が必要なほど重要な問題なのか，などが問われる過程です．政策として新たに取り上げ対応する必要がある，あるいは現在の政策に変更が必要として取り上げられ議論されるためには，まずはアジェンダとして設定されることが必要です．

しかし，今この問題が重要だと市民やメディアが認識している問題が，そのままの優先度で官僚や国会議員などの政策エリートによって取り上げられるわけではありません．ここには時として大きな乖離が生じます．なぜこのような乖離が生まれるのでしょうか．それは，アジェンダ設定過程が政治的な過程であるからです．特定の問題が特定の角度からアジェンダとして取り上げられるように，あるいは取り上げられないように，メディアや利益団体，市民団体などが議員や官僚にアクセスし，アジェンダに影響を与えようと競争をします．アジェンダ設定過程では，より多くの献金ができる企業や団体，個人の方が，アジェンダ設定に強い影響を及ぼすことができます．また政党のためにより強力な集票機能を果たす団体や，権力を持った大臣や与党議員等とより強いつながりを持った団体の方が，アジェンダ設定に強い影響を及ぼすことができるのです（Cobb and Elder ［1971］）．

また，議会の議員と執政府の代表である大統領を両方とも国民が直接選挙で選ぶ大統領制とは異なり，日本は，国民から選挙で選んだ国会議員の中から国家議

員が首相を選ぶ議院内閣制であり，大統領制とは違い首相は，議会からの信任が必要であるため，通常過半数を超える議員からの支持を得ていることが多く（過半数が一つの政党で足りない場合には連立与党を作ります），特に衆議院と参議院の両院で過半数以上の議席を得ている場合の政府与党の力は極めて大きいものとなります．また，日本では，国会議員が提出した法案（議員提出法案）が法律となる議員立法よりも，内閣が提出する法案（内閣提出法案）が法律となる閣法の方が圧倒的に多いことからもわかるように（例えば2015年の国会会期中に成立した78の法律のうち，84.6％にあたる66が閣法であり，議員立法は15.4％にあたる12に留まりました[1]），政府が法案の作成に大きな役割を果たすため，与党議員の他にも各省庁の官僚がアジェンダ設定に積極的に関与し，官僚が与党議員への働きかけを行うなど重要な役割を果たします．また与野党を問わず，利益団体からの要請に応じた国会議員がアジェンダ設定に積極的に関与しようと働きかけたりしています．さらに，メディアの報道が議会や政府のアジェンダ設定に影響を与えることがある一方で，日本では逆に与党や大臣が政権批判を行うメディアに対して圧力をかけ，世論形成に影響力を行使しようすることも起き，第三者機関が批判しています（『朝日新聞』2015年11月7日朝刊）．このように，アジェンダ設定過程はさまざまな利益団体などが政策エリートに働きかけて争点を設定しようとする過程であると同時に，議員，官僚などの政策エリートがアジェンダ設定に非常に重要な影響を与えています．

・焦点化する出来事

次に，特に政策がかわるような大きな事件が起こると，それが社会にとって急に喫緊の課題として争点化し，アジェンダとしてとりあげられ，大きく政策が変更になる可能性が起こるという，トーマス・バークランド（Birkland [1998]）による「焦点化する出来事」という概念を説明します．バークランドは，以下の5つの特徴をみたす出来事が「焦点化する出来事」であるとしました．すなわち，1) 突然起こる，2) 比較的珍しい，3) 現在のみならず将来にわたって害をもたらしうるような問題を引き起こす，4) その被害が特定の地域やコミュニティーに限局している，5) 政策エリートと社会が同時にその出来事を通して問題を知るような出来事が焦点化する出来事です．焦点化する出来事が起こると，メディアや社会の注目が一心に集まり，従来の政策の不備が露呈されることとなり，

突然メディアや社会にとって重要なアジェンダになるのみならず，同時に重要なアジェンダとして国会等の議題にものぼり，大きな政策変化の契機となりえます．

• 非決定の決定

また，政府が決定しないという「非決定の決定」という政策過程にも注目することが大切です．ピーター・バクラックとモートン・バラッツ（Bachrach and Baratz [1962]）は，権力には「決定」と「非決定」という二つの顔があると指摘しました．すなわち，政府が決定を下すに際しては，さまざまな意見を持ったグループが平等な土俵で闘って，優位にあるグループの意見がアジェンダとして取り上げられ政策となるような単純なものではなく，さまざまな制度的諸条件の中で，すでに「動員バイアス」がかかっていると説きました．つまり，政治制度による制約の中で，優位にあるグループにとっては，自分たちにとって好都合な政策を行うために，政策変更を求めるグループと公に論争になるのを避け，アジェンダが安全な範囲内のみに設定されるようにし，「非決定の決定」を行う，すなわち従来通りの政策が継続するようにする権力があるということを指摘したのです．

• 原子力政策の政策過程分析

本章では公共政策学の観点から，日本の原子力発電に関する政策が東日本大震災前後でどう変化したかについて政策過程分析を行います．政策過程は，ある特定の政策を決定すること・決定しないことによって，政策によって便益を得る集団と費用を払わなくてはならない集団を線引きする過程であるため，きわめて政治的な過程であるととらえることができます．次節では震災前からの原子力発電政策の変化について概観し，特に震災後の原発再稼働・推進へと向かう変化に焦点を当てます．「焦点化する出来事」であった福島第一原子力発電所の事故を受け，事故後の安全規制行政や民主党政権下でのエネルギー政策には一時的に大きな変化が見られ，原子力発電が一基も稼働していない状態を経験するなど，脱原発，少なくとも「卒原発」の方向へと大きく政策的に舵を切っていくように見えました．しかし，とりわけ2012年12月に自民党安倍政権が誕生して以降，2030年には震災前と変わらぬ状態までの原子力発電の電源構成の割合を目指す政策へと舵を切り，原発再稼働・推進の姿勢が鮮明になりました．

第Ⅱ節では，世論調査では，国民の過半数が原発を減らすことを望んでいるにも関わらず，なぜ原子力発電が再稼働・推進されてゆくのか，民意と政策との間になぜ乖離が起こるのか，その原因について考えます．ここでは，総選挙に際して，原子力発電の問題がアジェンダとして大きな争点とならないよう，どのように争点化が避けられてきたかについて考えます．また，政治学的な「政治制度論」というアプローチを用い，政治制度的な要因が，政策にどのような影響を与えうるのかについて検討します．ここでは日本の小選挙区比例代表並立制という選挙制度や，衆議院・参議院の連立政権の与党の議席のシェアという政治制度的な要因によって，与党が原子力政策において，原子力政策を争点化せずに安全な範囲に選択をとどめるという「非決定の決定」をもたらすアジェンダ設定を行うことが可能になり，その結果，民意と乖離した原発再稼働・推進という政策決定が可能になった点を指摘します．

1）http://www.clb.go.jp/contents/all.html

Ⅰ．福島第一原子力発電所事故と原子力政策の変化——原発再稼働・推進へ

1．震災前の原子力政策

　日本の原子力政策は，1955年に，原子力基本法・原子力委員会設置法・総理府設置法の一部を改正する法律のいわゆる原子力三法が制定されて以降，原子力「平和利用」という名のもと，国策として原子力政策は進められてきました．そして日本政府は，首藤［2012］が指摘するように，原発事故が起こるたびに場当たり的に原子力安全規制行政を変革して対応するということを繰り返してきました．福島第一原子力発電所の事故が起こる前には，経済産業省が，原発推進の政策と，原子力安全・保安院による原子力発電の安全規制政策の両方を管轄して担っていました（詳しくは吉岡［2012］参照）．

日本のエネルギー政策の基本方針をどう定めるかに関しては，2002年に当時与党であった自民党・公明党・保守党の賛成により議員立法としてエネルギー政策基本法が成立しました．この法律には，「原子力」という文言は全く使われておらず（飯田・佐藤・河野［2011］），むしろ，第3条で，「エネルギーの需給については，エネルギーの消費の効率化を図ること，**太陽光，風力等の化石燃料以外のエネルギーの利用への転換及び化石燃料の効率的な利用を推進すること**等により，地球温暖化の防止及び地域環境の保全が図られたエネルギーの需給を実現し，併せて循環型社会の形成に資するための施策が推進されなければならない」（強調筆者）と定められ，環境保全のために太陽光・風力発電といった自然エネルギーを国の政策として推進することのみを定めるかのようにみえる法律です．そして，国のエネルギーの基本方針に関して，経済産業大臣が関係行政機関の長や総合資源エネルギー調査会の意見を聴いてエネルギー基本計画案を策定し，エネルギー基本計画として閣議決定して国会に報告することを定めています．しかし，2003年に定めた「エネルギー基本計画」になると，ここで初めて原子力発電を「安全確保を大前提として，今後とも基幹電源と位置付け引き続き推進する」と明記しています．つまり，日本のエネルギーの基本的な方針は，毎回法律レベルで定められるわけではなく，経産省の計画案を時の与党が閣議決定するというように，政府のみで原発推進を決められるような仕組みになっています．したがって，たとえば衆議院では与党は過半数あっても，参議院では与党が過半数割れしているというような「ねじれ国会」の状態であっても，経産省が描いた計画を時の与党が承認すれば，あとは国会で報告すればよいものとなっているのです．

　戦後自民党政権下で邁進されてきた原発推進政策です

が，震災前の民主党政権下でもその基本姿勢は変わりませんでした．2010年に民主党の菅内閣の時に作られたエネルギー基本計画では，2020年までに9基，2030年までに14基以上の原子力発電所の新増設の建設を行うことを目標とし，水力等や原子力を含むゼロ・エミッション電源比率を2030年までに約70％とすることを目指すという，原発を電力供給の中心に据えるものでした．

2．「焦点化する出来事」としての福島第一原発事故

福島第一原子力発電所の事故は，前述の「焦点化する出来事」としての5つの条件——1）突然起こる，2）比較的珍しい，3）現在のみならず将来にわたって害をもたらしうるような問題を引き起こす，4）その被害が特定の地域やコミュニティーに限局している，5）政策エリートと社会が同時にその出来事を通して問題を知る——をすべて備える出来事でした．図1と図2は，福島第一原発事故が

図1 国会の議論で「原発」「原子力発電」という言葉が用いられた数の推移

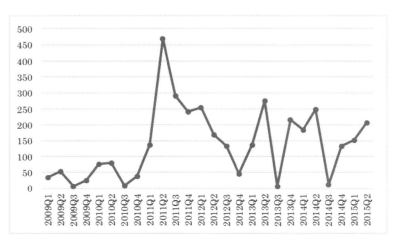

出典　国会会議録検索システム（http://kokkai.ndl.go.jp/）より大森作成．

どのようにメディアと国会議員からの重大な関心が向けられ，「焦点化する出来事」としてアジェンダとなったかを示したものです．図1は，どのように「原子力発電」「原発」という言葉が衆議院と参議院の両方で取り上げられたかを合計して示したものです．2009年初めから2015年6月末まで四半期（3か月）ごとの数を示しています．

福島第一原発の事故を契機に，2011年第1四半期（1月〜3月）から第2四半期（4月〜6月）に急激に国会のアジェンダとして取り上げられているのがわかります．その後数が上下しているのは国会会期中か否かの変動を示します．

図2は，『朝日新聞』（印刷版）で同じ期間に「原発」という言葉が用いられた記事の数の推移を示したものです．

メディアにおいても事故によって急激に「原発」が注目を集め焦点となっているのがわかります．また図1と図2から，原発事故後には，国会でもメディアでも頻回に原発

図2　「原発」という言葉を含む朝日新聞の記事数の推移

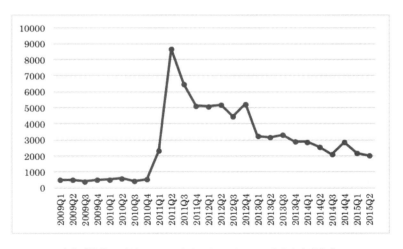

出典「聞蔵Ⅱビジュアルライブラリデータベース」より大森作成．

の問題がアジェンダとして取り上げられるようになっており，震災前のレベルまで戻ることはなく多くなったままです．しかしそうした中でも，事故直後と比べると，時間が経過するにつれ原発の問題がアジェンダとして取り上げられる回数が少しずつ減ってきているのがわかります．

3．民主党政権下での福島第一原発事故後の政策変化

このようにアジェンダが急激に変化する「焦点化する出来事」としての福島第一発電所の事故は，特に原子力安全規制行政での大きな政策変更をもたらしました．原発事故により，安全神話にあぐらをかき，炉心溶融が起こるようなシビアアクシデントへの備えを全くしてこなかった原子力安全委員会や原子力安全・保安院による原子力安全規制行政の無策ぶりが明らかになりました．2012年9月から原子力安全委員会と原子力安全・保安院は廃止され，環境省外局として原子力規制委員会と，その事務局として設置された原子力規制庁が，原子力安全規制行政を新たに担うこととなりました（大森［2013: 190］参照）．原子力規制委員会は独立性の高い委員会となり，原子力規制庁設置法にもその独立性が明記されました．

福島第一原子力発電所の事故は，焦点化する出来事として機能し，例えば2011年9月19日の東京の明治公園で開かれた「さようなら原発集会」では主催者発表6万人・警察発表3万人という市民が抗議集会に参加するなど（『朝日新聞』2011年9月25日朝刊），原発反対の市民運動も盛り上がりを見せ，従来は弱い立場にあった反原発・脱原発の立場から政策変更を求める研究者やNGOの発信力が強まりました．そして，原発事故をきっかけに，従来原子力安全規制を担ってきた原子力安全・保安院や電力会社などには厳しい目が向けられることとなり，独立性を高めた原子力規制委員会と原子力規制庁を設置するという大きな政策

変化へとつながったと言えます.

　さらに，事故をきっかけとしてエネルギー政策にも変更がなされる気運が生まれました．2011年7月13日に当時の民主党菅首相は，原発に依存しない社会を目指すと表明し，政治主導でエネルギー政策を作るという意図のもと「エネルギー・環境会議」が設けられ，2012年9月14日に新しいエネルギー政策の方向性として「革新的エネルギー・環境戦略」を発表しました．ここでは，2030年代に原発稼働ゼロを可能とするようあらゆる政策資源を投入するとして，1）40年運転制限制の厳格な適用，2）原子力規制委員会の安全確認を得たもののみ再稼働，3）原発の新設・増設は行わないとしました．しかし，当時の民主党野田首相は，この「革新的エネルギー・環境戦略」をそのまま閣議決定するのではなく，戦略を踏まえて，「関係自治体や国際社会等と責任ある議論を行い」，「柔軟性を持って不断の検証と見直しを行う」とする短い文章だけを2012年9月19日に閣議決定しました．これは，アメリカ政府や原発の地元の自治体・財界の脱原発反対の声への配慮の結果であると指摘されています（『朝日新聞』2012年9月19日朝刊）．原発事故後に定期点検のため稼働中であった原発はすべて止まり，2012年5月には稼働中の原発がゼロとなっていました．しかし，野田首相や枝野幸男経産大臣が2012年6月16日に大飯原発3・4号機の再稼働を認める決定を下し，同年9月には運転再開となるなど，民主党が目指す原発政策は，従来の自民党の政策との違いがわかりにくいものとなっていきました．

4．自民党安倍政権での原子力政策——原発再稼働・推進へ

　民主党野田政権の退陣後，2012年12月16日に行われた衆議院総選挙では，自民党が小選挙区300議席中237議

席，比例区180議席中57議席の計294議席すなわち衆議院の61％の議席を占める圧勝となりました．また，「アベノミクス解散」と銘打ち行われた2014年12月14日の衆議院総選挙でも，自民党は小選挙区295議席中223議席，比例区180議席中68議席の計291議席の61％の議席を占め圧勝しました．

そしてこれらの選挙結果を背景に，安倍政権の政策は，確実に原発推進・再稼働を進める方向へと舵をきってきました．安倍政権は誕生後，民主党が「革新的エネルギー・環境戦略」で打ち出した2030年に原発ゼロの方針をゼロ・ベースで見直すとしました．民主党政権下では，「エネルギー基本計画」の見直しを，25名中脱原発を支持の立場の委員8名を含んでいる経産省「資源エネルギー調査会・基本問題委員会」の場で行っていました．しかし，安倍政権下では，「エネルギー基本計画」の見直しの場を経産省「資源エネルギー調査会・総合部会」に移し，脱原発を支持の立場の委員は15名中2名に減りました[2]．

そして2014年4月に発表された「エネルギー基本計画」では，「原子力規制委員会により世界で最も厳しい水準の規制基準に適合すると認められた場合には，その判断を尊重し原子力発電所の再稼働を進める．その際，国も前面に立ち，立地自治体等関係者の理解と協力を得るよう，取り組む．」と，原発再稼働を進める方針を明確にしました．さらに，核燃料サイクルに関しても，「我が国は，……核燃料サイクルの推進を基本的方針としている」「具体的には，安全確保を大前提に，プルサーマルの推進，六ヶ所再処理工場の竣工，ＭＯＸ燃料加工工場の建設，むつ中間貯蔵施設の竣工等を進める」と，震災前と変わらぬ核燃料サイクルの推進をうたいました．こうしたエネルギー基本計画は，約1万7000トンの使用済燃料分の高放射性廃棄物の処分地選定のための調査も進んでおらず，さらに震災後

2）委員長は民主党の時から変わらず，三村明夫氏であり，震災前の原発推進の政策に関与した人物でした．民主党政権下で2012年9月14日に出された，「30年後には原発ゼロ」の方針を委員長が受け入れず，9月以降民主党政権最後の2か月間はエネルギー基本計画策定のための会議を招集しないまま総選挙となりました．その間，枝野経済産業大臣が決断し，原発ゼロのエネルギー基本計画を策定することもできたはずですがその決断はなされないまま総選挙を迎えたと，民主党政権下で脱原発支持

福島第一原発の事故のため「現在も約14万人もの人々が避難を余儀なくされ」，福島第一原発の廃炉・汚染水対策にあと「30年から40年程度かかる」という現状が明記されているにも関わらず（経産省［2014］），国の方針として決定されたのです。

そして，2015年7月には，経産省が総合資源エネルギー調査会基本政策分科会長期エネルギー需給見通し小委員会の検討を経て，「長期エネルギー需給見通し」を発表し，2030年には「東日本大震災前に約3割を占めていた原発依存度は，20％〜22％程度へと大きく低減する。また，水力・石炭火力・原子力等によるベースロード電源比率は56％程度となる」と原子力を2030年までに20〜22％のベースロード電源とすることを定めました（経産省［2015: 7］）。大飯原発が定期点検のために停止した2013年9月15日以降，2014年中には原発による発電が年間を通じてゼロの状態であったところを，2030年には20〜22％と20％を超えるところまで戻すということであり，これは「大きく低減する」のではなく，民主党政権下では2030年に原発をゼロにするという方針であったところを，再び原発を推進する方向に戻ったといえるでしょう。

さらに，2015年8月11日には，震災後の新規制基準のもとで初めて，火山のカルデラ噴火という噴火がいつ起きるかわからないことへのリスクへの対策が十分ではないという火山学者の懸念がある中で，鹿児島県の川内原発1号機が再稼働しました[3]。この再稼働の方向を受け，電力会社各社のトップは株主総会で，再稼働や原発の60年稼働への延長をめざすと述べるだけでなく，関西電力や中国電力トップらは，株主総会ですでに原発新増設への意欲をにじませたといいます（『朝日新聞』2015年6月26日朝刊）。

安倍政権は，「世界で最も厳しい規制基準」をクリアしているものだけを再稼働させるから大丈夫だという表現を

の立場から，資源エネルギー調査会基本問題委員会の委員であった飯田哲也氏が批判しています（ブルームバーグ 2013年3月15日 http://www.bloomberg.co.jp/news/123-MJNIGT6K510P01.html）。民主党政権が産業界からの反対に抗しきれず，最後は原発再稼働必要との流れへ動いていったことが見て取れます。

3）2014年5月30日 ロイター http://jp.reuters.com/article/2014/05/30/idJPL3N0OG1EW20140530（2015年9月27日アクセス）

用いますが，日本のように大地震が起こる可能性がある土地に多くの原発を建てている国は世界中のどこにもありません（小出［2012: 84-8］）．したがって，原発の規制基準が世界一厳しいのは当たり前であり，どの程度の大地震や巨大噴火がいつどこに起きるかを正確に予知できない現状をみれば，たとえ世界一厳しい基準を持っていたとしても完全に安全であるとは言えないでしょう．統計学的確率からすればゼロに近い確率であり，とるにたらないリスクとして認識されていたはずの地震も，人知の予測を超えた規模や場所で起こって原発事故が起こってしまえば甚大な被害が生じ，未来の世代にわたって何十年も影響を及ぼし続けるのというのが，福島原発事故がつきつけた過酷な現実でした．そしてそれは，災害大国日本の今後も変わらない本質なのです．

　さらに，再稼働の判断を下す原子力規制委員会の委員の人選の基準が民主党の時よりも緩められたために，原発推進派の委員へと変わってきているという現実があります．原子力規制委員会の委員の人選の基準は，原子力規制委員会設置法で定めた「原子力事業者等及びその団体の役員，従業者等であった者」は委員になれないとする要件のほかに，2012年に民主党政府がさらに厳格な法律の運用上の基準として「就任前直近3年間に，原子力事業者等及びその団体の役員，従業者等であった者」や「就任前直近3年間に，同一の原子力事業者等から，個人として，一定額以上の報酬等を受領していた者」は委員になれないとした二つの欠格要件を追加し，委員に関する情報公開の条件も定めていました．

　2014年5月27日に自公与党が国会で賛成して原子力規制委員に任命された田中知氏は，「団体」に当たる日本原子力産業協会役員を10〜12年に務め，少なくとも160万円以上の研究費や報酬をメーカーや東電関連の財団から受

けていたとのことです[4]．しかし，当時の石原伸晃環境相は，より厳格な要件は民主党が決めたもので自民党はそれに依拠せず，法にのっとって任命しており，新たに自民党としての基準も策定しないとしました[5]．その一方，審査で電力会社への地震想定の要求が厳格だとされていた地震学者の島崎邦彦委員長代理は退任しました（『朝日新聞』2014 年 5 月 27 日朝刊）．法律で明文化していない適格要件による運用では，この適格要件を守らなくても法律には違反しないと強弁できるため，与党がどの政党かにより誰を任命するかによって，原子力規制委員会の原発産業界の利益からの独立性の度合いが変わってしまうことが明らかです．したがって，現在の自民党による任命の基準では，原子力推進の事業者から報酬を受け取ったことがあっても，過去に原子力事業者等およびその団体の役員であっても直前に原子力事業者等でなければ委員になることが可能であることになります．すなわち，原子力規制委員会には法律で独立と定められている「法的独立性」はあるものの，原発推進を求める電力会社や企業などから独立の判断を下せるかについての「実質的独立性」は低下してきているといえます．このように安倍政権が誕生して以降，確実に原子力推進へとその政策の方向性の舵をきったのです．

II．なぜ原発を減らすことを望む世論が政策に反映されないのか

1．原子力発電政策への世論の推移

前述の安倍政権の原発推進への動きは，原発再稼働・推進にきわめて慎重な世論とは大きくかけ離れたものであるといえます．図 3 は，「今後，国内の原子力発電所をどうすべきだと思いますか．」という質問に関する NHK 放送文化研究所の世論調査の結果の推移を示したものです．

4) 2014 年 6 月 5 日 ロイター http://jp.reuters.com/article/marketsNews/idJPL4N0XB3JS20150414（2015 年 5 月 18 日アクセス）
5) 共同通信 http://www.47news.jp/CN/201406/CN2014060601001700.html（2015 年 9 月 26 日アクセス）

図3 今後の原子力発電所に対する世論の推移

今後,国内の原子力発電所をどうすべきだと思いますか.

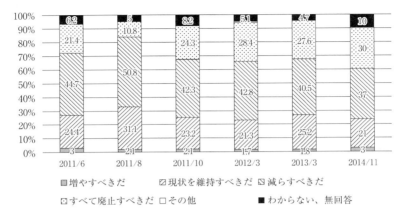

出典 NHK放送文化研究所調査 (http://www.nhk.or.jp/bunken/) より大森作成

　このように原発事故から2014年11月まで,「今後,国内の原子力発電所をどうすべきだと思いますか」という質問に対しての人々の脱原発の方向性を求める意見は大きく変わっていません.原発を減らすべき,廃止すべきという人を合わせると,2011年6月に66.1%,2014年11月にも67%とほぼ変わっていません.また,増やすべきだ,現状を維持すべきだという人を合わせると,2011年6月には27.4%,2014年11月では24%とこちらもあまり変わりません.なぜこうした将来の原発政策に対する人々の声は十分に選挙の争点とならず,原発再稼働にまい進する自民党が圧勝という結果になったのでしょうか?

2. 2012年12月総選挙──わかりにくかった各党の原発政策の差異

　原発再稼働・推進への世論の根強い反対があるからでし

表1 2012年12月総選挙での各党の原発政策選挙公約の要点

	自民党	公明党
原発の方向性	〈現在及び後世の国民生活に責任の持てるエネルギー戦略の確立〉原子力に依存しなくてもよい経済・社会構造の確立を目指す	〈1年でも早く,原発ゼロの成長日本を〉原発の新規着工を認めず,原発ゼロの日本へ
原発ゼロの方向性の明記	—	○
再稼動 安全など条件つきで認めるか	認める	認める
新規増設	—	認めない
その他	遅くとも10年以内には将来にわたって持続可能な「電源構成のベストミックス」を確立	40年運転制限制を厳格に適用

	民主党	みんなの党
原発の方向性	〈原発ゼロで生まれ変わる日本〉	〈2020年代の原発ゼロを明確に進めるプロセス〉
原発ゼロの方向性の明記	○	○
再稼動 安全など条件つきで認めるか	認める	認める
新規増設	認めない	認めない
その他	40年運転制限制を厳格に適用	40年運転制限制を厳格に適用 核燃料サイクル計画を廃止

	社民党	共産党
原発の方向性	〈「脱原発基本法」で原発ゼロ社会を実現〉	〈「即時原発ゼロ」の実現を〉
原発ゼロの方向性の明記	○	○
再稼動 安全など条件つきで認めるか	即時停止	即時停止
新規増設	認めない	認めない
その他	核燃料サイクル計画撤退	核燃料サイクル計画撤退

	維新の会	未来の党
原発の方向性	〈先進国をリードする脱原発依存体制の構築〉	〈10年以内に原発完全廃炉〉
原発ゼロの方向性の明記	脱原発依存体制の構築	○
再稼動 安全など条件つきで認めるか	—	即時停止
新規増設	—	認めない
その他	—	核燃料サイクル計画撤退

出典 各党マニフェストより大森作成.

ょうが，震災後の選挙公約（マニフェスト）では，明確な原発推進をうたう政党はありませんでした．表1は，2012年12月総選挙の各党の原発政策に関する選挙公約の立場の要点をまとめたものです．

　表1で示したように，現実には政権を取ったのちには原発再稼働や核燃料サイクル計画推進を進めた自民党も，総選挙の際には「原子力に依存しなくてもよい経済・社会構造の確立をめざす」としていました．また，維新の会も「脱原発依存体制」をめざすとしています．自民党と維新の会以外は，将来の原発ゼロ目標を明言したものの，即時撤廃を求める社民党・共産党・未来の党以外は再稼働を安全性に関する条件つきで認めるものとなっており，自民党との差異が見えにくいものとなっています．実は自民党の選挙公約は，原発再稼働とさらなる原発推進の強い意志がにじむものでした．将来の原発ゼロの方向性を明示しない，また原子炉40年運転を守ることをうたわない，核燃料サイクルには触れないものです．しかし，当時野党であった自民党は，「電源構成のベストミックス」確立という言い方で，はっきりと原発再稼働・原子力推進とは明示せず，争点化させないように総選挙に臨んだといえます．当時民主党政権によって大飯原発再稼働がなされた中での総選挙では，原発推進対原発反対の構図は見えにくく，原発が争点化した選挙にはなりにくいものでした．技術的で専門性が高い原発政策の特性もあり，各政党の公約の争点はわかりにくいものであったといえるでしょう．

3．2014年12月総選挙——アベノミクス解散により隠された争点

　2014年12月総選挙は，自民党一党のみが強く野党が弱い「一強多弱」といわれる中で行われた総選挙でした．解散前の冒頭の会見で安倍総理は，この選挙は「アベノミク

ス解散」であり，経済政策の是非を問う選挙だと位置づけ，自らの発言は経済政策への言及に集中しました．選挙戦中も争点を経済政策に集中したい自民党と，原発・安保法制などにも争点を分散したい野党との選挙戦でしたが（『朝日新聞』2014 年 11 月 22 日），原発政策は争点にはなりませんでした．自民党のマニフェストには，原発政策に関しては「責任あるエネルギー戦略を」とのもと以下のように書かれています．

> ○…エネルギーミックスの将来像を速やかに示し，新しい「エネルギー基本計画」に基づいた責任あるエネルギー政策を構築します．
> ○原子力については，安全性の確保を大前提に，エネルギー需給構造の安定性に寄与する重要なベースロード電源との位置付けの下，活用してまいります．
> ○いかなる事情よりも安全性を最優先し，原子力規制委員会によって新規制基準に適合すると認められた場合には，その判断を尊重し原発の再稼働を進めます．再稼働にあたっては国も前面に立ち，立地自治体等関係者の理解と協力を得るよう取り組みます．
> ○原発依存度については，徹底した省エネルギーと再生可能エネルギーの最大限の導入，火力発電の高効率化により，可能な限り低減させます．

ここでは原発をベースロード電源と位置づけて再稼動を進めるとする一方で，「原発依存度を可能な限り低減させます」と書いてあります．また，従来「エネルギー基本計画」で原子力発電や，核燃料サイクルの推進がうたわれてきました．後から振り返っていうならば，たとえば「エネルギー基本計画」で核燃料サイクルの推進を定める，原子力を 2030 年までに 20％超えのベースロード電源とする，

原発の再稼動を進めるなどと明示されていれば有権者にもより争点となりやすかったと思われます．しかし自民党は選挙に際しては「原発依存度を可能な限り低減させる」と書くことで，原発が争点化することを避けたといえ，慎重にアジェンダを安全な範囲に収まるところに設定したといえるでしょう．

4．小選挙区制の選挙制度と政策

政治制度的な観点からも，なぜ原発に慎重な世論が政策として反映されないのか示したいと思います．選挙を行うにあたり，各選挙区で何人の候補者が当選するかなどの規則を選挙制度といいます．現在衆議院議員では，小選挙区比例代表並立制という選挙制度が採用されており，小選挙区制と比例代表制の両方が行われています．小選挙区制は，各選挙区で最も得票を得た候補者一人だけが当選する選挙制度のことをいいます．この小選挙区制は，各選挙区一人しか当選しないので，二大政党制が生まれやすく，死票が多くなるという欠点があります．たとえば二人の候補者の得票率が51％と49％の得票率であった場合に，49％が死票になってしまうと考えるとよくわかります．

表2は，2014年の衆議院選挙の際の小選挙区制度の各政党の得票数の割合と議席の割合を示したものです．一番左の列は，小選挙区制度での各政党の獲得議席です．二番目の列はそれが何パーセントの議席にあたるかの議席シェアを示しています．自民党は小選挙区では75.3％と圧倒的な議席を占めています．

では，実際の投票数の何％を各政党が占めていたかを示したのが三番目の列です．75.3％の議席を占めた自民党の得票率は，実際には48.1％で過半数に届いていません．四番目の列は，議席シェアと得点シェアでどれだけ違うかを示したものです．自民党だけが実際の得票よりも27.2％も

表2　衆議院小選挙区制の各政党の得票シェアと議席シェア
（2014年の衆議院選挙結果）

政党名	議席数 小選挙区制	議席シェア（％）	得票シェア（％）	議席シェア－得票シェア（％）
自民党	222	75.3	48.1	27.2
民主党	38	12.9	22.5	-9.6
維新の党	11	3.7	8.2	-4.4
公明党	9	3.1	1.5	1.6
共産党	1	0.3	13.3	-13.0
社民党	1	0.3	0.8	-0.5
次世代の党	2	0.7	1.8	-1.1
生活の党	2	0.7	1.0	-0.3
その他	0	0.0	0.1	-0.1
無所属	9	3.1	2.9	0.2
計	295	100.0	100	0.0

出典　総務省選挙結果資料より大森作成．

の多くの議席を獲得して一人勝ちとなっているのがわかります．

　衆議院で比例代表制の結果についてみたものが以下の表3です．比例代表制はなるべく得票シェアを議席シェアに反映させる選挙制度です．

　一番左の列は比例代表制部分の各政党の議席数を示し，二番目の列は議席シェアを示します．実は政党の名前を書いて投票する比例代表の選挙では，自民党は37.8％しか議席をとっていないのがわかります．三番目の列は各政党の得票シェアを示します．自民党の得票シェアは33.1％なので，4番目の列でわかるように，自民党の議席シェアと得票シェアの違いは比例代表制の下では4.7％しかありません．従って，もし衆議院議員選挙の選挙制度が小選挙区制度はなく比例代表制のみを採用していたと仮定すれば，現在のように小選挙区・比例代表両方あわせて290議席，61％の議席シェアをもつことはなかったといえ，より連立政権を組む公明党に近い政策を取る必要があったでしょう．

表3　衆議院比例代表制部分の各政党の得票シェアと議席シェア
（2014年の衆議院選挙結果）

政党名	比例代表制議席数	議席シェア（%）	得票シェア（%）	議席シェアー得票シェア（%）
自民党	68	37.8	33.1	4.67
民主党	35	19.4	18.3	1.11
維新の党	30	16.7	15.7	0.95
公明党	26	14.4	13.7	0.73
共産党	20	11.1	11.4	-0.26
社民党	1	0.6	2.5	-1.90
次世代の党	0	0.0	2.7	-2.65
生活の党	0	0.0	1.9	-1.93
その他	0	0.0	0.7	-0.72
無所属	0	0.0	0.0	0.00
計	180	100.0	100.0	0.00

出典　総務省選挙結果資料より大森作成．

　小選挙区制の特徴として，一人しか通らない選挙区では同じ政党同士が闘うことはなく，また政党の公認がないと次の選挙で勝てないため，政党が議員に対して強い権限を持つようになるという点があります．従って派閥の力が弱まる一方で，たとえ党と議員個人の意見は違っていても，議員が個人で信念に基づいて党と違う政策実現のために動きにくくなるのです．

　また実は衆議院・参議院の両方でともに自民党と公明党の連立与党の議席が過半数を超える，いわゆるねじれ国会の状態が不在なのは，2006年に一度目の安倍政権が発足して以降，鳩山元首相の誕生後8ヶ月を除き，2013年7月の参議院選挙で自民党・公明党が合わせて過半数を超える議席を取ったのがはじめてです．この2013年7月の参議院選挙以降，安部政権が通したい法案は，野党と妥協することなく与党のみで両院を通過させることが可能になりました．

　このように，自民党は，何を争点化し何を争点化しない

かを十分にコントロールして選挙を行い，勝利をおさめました．有権者にとっては選挙では十分な争点となっていなかったと思われる政策を，どんどんアジェンダとして設定し法案を通し政策を進めてゆくことが可能だというのが，2016年3月現在の日本の政治制度上の状況だといえます．こうした中で，原発再稼働を進める現在の自民党政権のもとでは，より多くの人々がのぞむ，原発を減らす・廃止する政策が行われることは困難だといえます．選挙の際には身近な景気などの争点となりがちな問題だけでなく，「非決定の決定」によって争点となっていない隠れたアジェンダは何なのか，にも目をむけて考えていく必要があるのです．

Discussion Questions

(1) あなたの原子力発電についての考え方は，東日本大震災前と後でどのように変わりましたか？ 震災後の原子力政策の変化をあなたはどう思いますか？
(2) あなたは，日本の将来のエネルギーとして，原子力発電を将来どのように位置づけてゆくべきだと思いますか？ 今後とも基本的な電源の一つとしてとらえ，再稼働・推進を進めていくべきでしょうか？ それとも徐々に脱原発にむかうべきでしょうか？ 原発はすぐに廃止すべきでしょうか？ それはなぜですか？
(3) 焦点化する出来事の例を他にもあげてください．それにより政策は変わったでしょうか？ 変わったとしたら，どのように変わりましたか？
(4) 世論と政策の乖離はなぜおこりますか？

【参考文献】
足立幸男　2009　『公共政策学とは何か』ミネルヴァ書房．
飯田哲也・佐藤栄佐久・河野太郎　2011　『「原子力ムラ」を超えて——ポスト福島

のエネルギー政策』NHK 出版.
大森佐和　2013　「原子力安全規制政策の変遷」国際基督教大学平和研究所編『脱原発のための平和学』法律文化社，179-97 頁.
────　2016　「政策過程とそのサイクル」西尾隆編『現代の行政と公共政策』放送大学教育振興会，161-77 頁.
経済産業省　2014　「エネルギー基本計画」(http://www.meti.go.jp/press/2014/04/20140411001/20140411001-1.pdf) 2015 年 9 月 30 日アクセス.
────　2015　「長期エネルギー需給見通し」(http://www.meti.go.jp/press/2015/07/20150716004/20150716004_2.pdf) 2015 年 9 月 30 日アクセス.
小出裕章　2012　『図解　原発のウソ』扶桑社.
首藤重幸　2012　「なぜ原子力行政は電力会社をコントロールできないのか」森英樹・白藤博行・愛敬浩二編『3.11 と憲法』日本評論社，110-212 頁.
吉岡斉　2012　『新版原子力の社会史──その日本的展開』朝日新聞出版.
Bachrach, Peter and Morton S. Baratz　1963　"Two Faces of Power," *American Political Science Review*, 56 (4): 947-52.
Birkland, Thomas A.　1998　"Focusing Events, Mobilization, and Agenda Setting," *Journal of Public Policy*, 18 (1): 53-74.
Cobb, Roger W. and Charles D. Elder　1971　"The Politics of Agenda-Building: An Alternative Perspective for Modern Democratic Theory," *Journal of Politics*, 33 (4): 892-915.

第Ⅲ部

科学技術と社会のつながり

【社会学／Sociology】

第6章
「風評被害」という問題

山口富子

> スーパーマーケットに行き，果物を手に取るとき，私たちは「買う・買わない」を自分が決めていると感じます．しかし，実際にはその決断は（あるいは，そもそもどの果物の前で立ち止まるかということも），私たちの外に広がる社会の影響を多分に受けています．同時に，私たちの決断が社会を動かしてもいます．本章では，特に後者の側面に注目し，「風評被害」と呼ばれる現象を例に，ミクロ（個人の捉え方）がマクロ（自治体や国の政策）とどのようにつながっているかについて，社会学的手法で迫ります．

[Key Words: 食の安全安心，食と農の風評被害，科学的な正しさ]

● 「風評被害」への社会学的アプローチ

　食の安全を揺るがす事故が起こるたびに「食の安全安心」という言葉がマスメディアを賑わせますが，東日本大震災後の福島原子力発電所事故に起因する放射性物質についても，食の安全安心に関わる問題として，マスメディアでしばしば取り上げられてきています．その中で「風評被害」という言葉を良く耳にするようになりました．そこで本章では，東日本大震災後に起きた「風評被害」という現象を取り上げ，現代社会における食の安全安心という問題について考えてみたいと思います．

　「風評被害とは，どのような問題ですか？」，あるいは「風評被害とされる問題の論点を整理しなさい．」という問いに対し，みなさんはどのように答えるでしょ

うか？　本章を読み進める前に，みなさんが見知っている事柄やみなさんの身の回りで起こった出来事を踏まえ，この問題について考えてみましょう．

　本章では，この問いを社会学的に読み解いていきたいと思います．社会学とは，しばしば脱領域的な特長を持つ学問（どの領域を研究の対象とするということが言えない学問）と言われ，環境，科学技術，政治，経済，医療，犯罪など，社会性を持つテーマはすべからく社会学のテーマになりえます．したがって，社会学を一言で説明すること自体に無理があるのですが，話を進めるために，ここでは，社会学を「社会のさまざまな営みや現象について，社会の仕組みや人びとの経験から理解を試みる学問」であると広くとらえておきましょう．また，さまざまなテーマに鳥の目でとらえるマクロなアプローチや，虫の目でとらえるミクロなアプローチで接近するという事も付け加えておきます．

　本章では，食と農というテーマ，そして風評被害というトピックを取り上げます．風評被害という問題は，経済被害を受けた生産者が直面している深刻な問題であると同時に，その対策を立てそれらを実施する国や地方自治体の行政上の問題でもあります．また，風評被害とは直接関係がないとされる人もこの現象を分析していくうちに，実はその問題に深い関わり合いを持っているということが見えてくるでしょう．この本を読んでいるみなさんも，この問題を解決に導くために重要な役割を果たす利害関係者かもしれません．つまり，この問題には社会性，公共性があり，まさに社会学的な視点が生きてくるのです．本章は，ミクロなアプローチで，風評被害という問題の論点を整理します．先に述べたように，これは社会現象を虫の目でとらえるアプローチであり，風評被害による苦い経験や，風評被害という問題を人がどうとらえているのかが主要な課題となります．言いかえれば，人が社会を形成しているという前提に立ち，人びとの共通の社会意識が何であるのかを明らかにすることが課題であるとも言えましょう．本章では，生産者や消費者の体験を取り扱うと同時に，いわば社会レベルでの意思決定行為とも言える，風評被害対策に関わる国や自治体の方針や対策を取り扱っていますが，この議論は，社会レベルの意思決定であってもそれらを決めるのは個人であるという考え方の上に成り立っています．国や自治体といった組織の意思決定は，組織のメンバーの意見や意図をランダムに反映したものではなく，何らかの方法で意見が集約されたものであるという考え方です．その何らかの方法を決めているのも個人であるという考え方で議論を進めたいと思います．

こうした問題意識と議論の前提を踏まえ，第Ⅰ節では，風評被害という問題を福島原子力発電所事故による農林水産業への経済的影響という事象の中に位置づけます．第Ⅱ節では，「風評被害」とは，そもそも何を意味しているのかという問題を取り扱い，第Ⅲ節において，風評被害対策に関わる国や自治体の動きについて確認をします．このように社会の大きな動きを踏まえた上で，第Ⅳ節，第Ⅴ節では，被災者の声や，生産者，流通業者の経験について分析を試みます．

Ⅰ．福島原子力発電所事故による農林水産業への影響と風評被害

　東北地方太平洋沖地震に端を発する福島原子力発電所事故にともない，放射性物質の飛散，原発周辺地域での放射線量の増大，放射性物質による土壌や農作物の汚染が起こり，被災地の農林水産業は甚大な被害を受けました．国の資料によれば[1]，農地の損壊，農業用施設の損壊，農作物・家畜の被害，農業・畜産関係施設の被害などを合わせると，東日本大震災による農林水産被害は，次に被害額が大きいとされる新潟県中越地震の被害額の約18倍の2兆4268億円規模であり，これまで起こった災害の中で農林

1）第28回「食料・農業・農村政策審議会企画部会」（2011〔平成23〕年5月10日）配付資料より．

表1　平成における震度7以上の震災と農林水産被害額

名称，震度		農林水産被害額
2011年 東日本大震災	震度7 M9.0	2兆4268億円 （2012年3月5日現在）
2004年 新潟県中越地震	震度7 M6.8	1330億円
1995年 兵庫県南部地震	震度7 M7.3	900億円

出典：農林水産省『東日本大震災と農林水産業基礎統計データ』〔2012（平成24）年6月〕より筆者作成．

水産被害額の最も大きい災害であると報告されています（表1）．

　農作物，水産物の出荷・操業停止，また出荷規制措置により，被災地の農業者，漁業者が多大な経済損失を被ったということは言うまでもありませんが，特定の地域の農産品の販売量が減少し，価格が低迷したことにより，農漁業者は，更なる経済損失に直面しました．この問題は〈風評被害〉と呼ばれ，社会問題としてマスコミなどでも頻繁に報道されています．

　風評被害による経済被害を示す統計は見当たりませんが，JA山形中央会の管轄内だけでも2012年8月までに，風評被害に対する農畜産物損害賠償請求額は，約72億円とされ（毎日新聞　2012年8月31日），賠償は今もまだ続いている事から，風評被害だけでも相当の被害額であろうということがわかります．また，筆者がお話しをうかがった福島県内の農家の方々も，口々に風評被害によって生じた経済被害について話をされていたことからも，風評被害は極めて広範囲の農漁業者に被害をもたらしたということがわかります．

　風評被害によって生じた経済的損失は，これまでのところ原子力損害賠償法を法的根拠とした上で補償されるという仕組みですが，農漁業に対するやる気や誇りの喪失など，いわば社会的損失とも呼べる状況も存在し，経済損失に対する補償だけで問題が解決できたとは言えないところがこの問題の難しさです．また，後述する「これは風評ではなく，実害なのだ」という被災地での声を聞くにつけ，風評被害という言葉の意味について振り返り，批判的に考えてみる必要があるのではないかと考えるに至りました．

　そこで以下，東日本大震災後に風評被害という言葉に付随して起こった社会的な出来事を振り返りながら，風評被害という問題について考えてみたいと思います．漁業や観

光など風評被害はさまざまな業種に経済被害をもたらしていますが，ここでは食と農の風評被害に焦点をあてて，話を進めます．本章のタイトルを「『風評被害』という問題」としましたが，そこには風評被害という言葉の持つ意味と社会的な影響について批判的に考えるという意味が込められています．

Ⅱ．風評被害という言葉の定義

広辞苑によれば，風評とは「世間の評判，うわさ，風説」，被害とは「損害をこうむること．危害を受けること．受けた損害」と定義されています．「風評」と「被害」という2つの言葉を単純に結びつければ，うわさによって受けた損害という意味であることがわかりますが，辞書には風評被害という言葉は見当たりません．このようにはっきりとした定義が存在しない言葉の意味やその言葉の社会的な影響を理解するためには，本章冒頭で述べたミクロなスタンスに立ち，その言葉の意味を読み解くと良いでしょう．すなわち，その言葉が，誰によって，どういった場面で，どのような使われ方をしているのかという観点から，その言葉の意味やその言葉による社会的な影響を明らかにするという接近法です．

こうした発想で，流言，うわさ，風評について研究を行った研究者らによれば，風評被害という言葉は，これまで「事実でないことが事実のように世間に受け取られ，特定の人物や業界，地域が被害を受けること．多くの場合，風評は報道によって広がり経済被害をうむ」という意味で使われてきました（廣井［2001］，関谷［2011］）．これらの研究は，第五福竜丸被ばく事件，敦賀原子力発電所事故，東海村ＪＣＯ臨界事故などの原子力事故にともなう風評被害や，所沢市の野菜に関するに不正確な報道にともなう風評

被害，BSE の疑いのある牛が発見されたという政府発表によって生じた風評被害などを事例として取り上げ，それぞれの事例において風評被害という言葉がどのように使われていたか，またその言葉が使われた社会的な背景や，その言葉によって起こった社会的な出来事を分析し，そこから風評被害という言葉の意味を読み取っています．

今回の東日本大震災後の国や自治体等の政策場面においても，被害者に対する補償という問題との関わりにおいて，風評被害をどう定義し，誰を被害者とし，どのように補償をするのかという事について議論されています．たとえば，震災後に文部科学省内に設置された原子力損害賠償紛争審査会が提出した『東京電力株式会社 福島第一，第二原子力発電所事故による原子力損害の範囲の判定等に関する中間指針』（2011〔平成 23〕年 8 月 5 日策定）によれば，風評被害は「報道等により広く知らされた事実によって，商品またはサービスに関する放射性物質による汚染の危険性を懸念した消費者または取引先により当該商品またはサービスの買い控え，取引停止等をされたために生じた被害を意味する」と定義されています．

また，産業界，公益法人などの非営利団体なども今回の東日本大震災後の風評被害を問題視し，風評被害という問題の分析やその対策についての議論を行っています．その中で，食の安全・安心財団の風評被害の実態の調査について触れたいと思います（［2013］）．財団の報告書によれば，議論の冒頭，風評被害という言葉の定義について議論をしたと書かれています．その場面で，ある委員は，「風評被害というのは，本来安全とされる食品を危ないと思い，消費を控えることによって生じる経済被害である」と述べています．他の委員は，「リスク評価・リスク管理という科学的手法がなされているにも関わらず，自主基準で動くことが風評被害を引き起こす」と述べています．さらに，別

の委員は,「放射能を浴びているのは,実態でありこれは実害だ」と,この議論の前提そのものに異議を唱えています.これらの議論は,ある意味社会の議論の縮図であり,風評被害という問題の複雑さをよく表わしています.

以上の定義や議論を踏まえると,風評被害という言葉は,概ね,「事実でない事が事実として認識され経済被害が生じること」という社会現象を指し示すということを確認しておきたいと思います.これを農と食の領域の問題として述べれば,すなわち「リスク評価・リスク管理という手法で安全性評価がなされ,本来安全とされる食品が忌避され,農漁業者に経済被害が生じること」と定義できるでしょう.

Ⅲ. 国による風評被害対策

現実問題として東日本大震災後の風評被害は,特定の地域の人びとに経済被害をもたらしました.そのため,国はさまざまな対策を行ってきました.日本学術会議 東日本大震災復興支援委員会 福島復興支援分科会による緊急提言［2013］によれば,「風評」問題の現状として,東京都中央卸売市場での福島県産青果物主力7品目の価格が,2012年に全国の平均価格を下回ったという指摘がなされ,消費者や流通関係者による福島県産農作物離れがその原因であると書かれています.福島県による風評対策戦略に係る報告書［2015］においても,県を代表する桃の価格が震災前の2010（平成22）年には,1キロ439円であったのが,震災後の2011年には1キロ222円まで落ち込んだということが報告されています（グラフ1）.また,肉用牛や米の価格なども総じて落ち込み,今もなお震災前の水準に戻っていないという指摘がなされています.

こうした状況を踏まえ,国や関係省庁,関係自治体は,

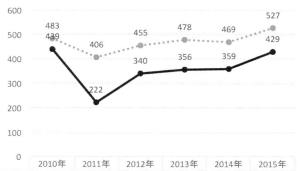

グラフ1 福島県産モモの価格推移（円／kg）

出典：東京都中央卸売市場統計より筆者作成．

　震災からの復興と復旧のための対策を立てています．2011（平成23）年8月には，「農業・農村の復興マスタープラン」（農林水産省［2011］）が策定され，農地の復旧・整備，地域農業復興の進め方，原子力発電所事故への対応の方策など，具体的な支援事業とスケジュールが示されています．うち，農業分野における放射性物質関連対策としては，農産物の安全確保，農地等の除染・汚染物質対策，被災地産食品の利用・販売の促進，廃棄物の保管・処理といった事業などが含まれます．

　その後，関係12府省庁からなる「原子力災害による風評被害を含む影響への対応タスクフォース」が立ち上がり，2013（平成25）年4月には「原子力災害による風評被害を含む影響への対策パッケージ」が取りまとめられました（内閣府［2013］）．しかし，その後も風評被害が根強く残るとし，対策強化のための「風評対策強化指針」（復興庁［2014］）が2013（平成25）年6月に策定されています．

　この風評対策強化指針によれば，風評対策は，「風評の

図1 風評対策強化指針のポイント：基本的な考え方

風評の源を取り除く
(1) 被災地産品の放射性物質検査の実施
　　放射性物質検査体制整備と検査実施　等
(2) 環境中の放射線量の把握と公表
　　放射線モニタリング体制の維持・管理、汚染水対策に資するモニタリング結果をとりまとめ、情報発信　等

正確で分かりやすい情報提供を進め、風評を防ぐ
放射線に関する情報提供および国民とのコミュニケーションの強化
・放射線に関する情報の提供
・食品中の放射性物質の検査結果等に関する情報の公表
・食品中の放射性物質に関する意見交換等の開催等

風評被害を受けた産業を支援する
(1) 被災地産品の販路拡大、新商品開発等
　　・「食べて応援しよう！」の実施(官民結集した取組の強化)
　　・福島産農産物等のブランド力回復のためのＰＲ事業を実施(有名タレントを活用した戦略的ＰＲ)
　　・被災地産品の販路拡大支援や新製品の開発支援等を実施
　　・輸入規制を行っている諸外国への働きかけ　等
(2) 国内外からの被災地への誘客促進

出典：復興庁［2014］を基に筆者作成．

源を取り除く」，「正確で分かりやすい情報提供を進め，風評を防ぐ」，「風評被害を受けた産業を支援」という3本の柱からなります．「風評の源を取り除く」とは，すなわち放射性物質の検査の体制を充実させ，検査を実施，情報を公表する事，「正確でわかりやすい情報提供を進める」とは，すなわち情報の公開と情報提供プログラムや意見交換会の実施をする事，「産業の支援」とは，すなわち被災地産品の販路を拡大する，国内外からの被災地への誘客プログラムを実施する事などを指します．産業支援の一環として，タレントを活用し被災地の農産品のブランドを回復することや，「食べて応援しよう！」というキャンペーンなども含まれています（図1）．また，指針には，この目標を達成するため，関係省庁を総動員し，官民一体となり対策を強化すると書かれています．

これらの対策と平行する形で，先に紹介した日本学術会議 東日本大震災復興支援委員会 福島復興支援分科会が，風評対策を進めるための法令の整備，農地一枚ごとの放射性物質や土壌成分などの計測と検査体制の整備，消費者理解増進のためのリスクコミュニケーション・プログラムの

充実を重点課題とすること，という緊急提言を行っています（[2013]）．また，消費者庁内には，消費者理解増進チームが編成され，放射線や食品中の放射性物質に関して消費者が正しく理解しているかどうか，アンケート調査で理解度を計測するという調査事業も実施されています[2]．

　国のこうした方針を受け，関係自治体においても，風評被害対策として，農産品の検査体制の整備，検査結果等についての情報提供，産業の支援に関わるさまざまな事業が立ち上がっています．たとえば，福島県では，2012（平成24）年度から「ふくしまの恵み安全・安心推進事業」が立ち上がり，全袋検査機器が導入され，福島県産の米の全袋検査が実施されています．また最近の動きとしては，2015（平成27）年に福島県が「福島県風評・風化対策強化戦略」を策定し，風評被害対策を県の重点プロジェクトとして位置付けたという事が挙げられます．2015（平成27）年度のこのプロジェクトの全体の予算規模は，約60億4000万円，筆者の試算によればうち食と農の領域に約66%の予算が割り当てられています（福島県［2015, 70］）．これらの動きを踏まえると，国は，〈風評被害〉問題を，深刻な社会問題と受け止めており，その問題の解消のために，さまざまな対策を立て，事業を実施してきているということがわかります．

Ⅳ．被災地の声

　その一方で，2014年に筆者が福島市を訪ねた時に，福島市在住のお母さんから「風評被害と呼ばれているものは，風評ではない，実害．そこに暮らしているんだから，福島のものは食べない方がいい．普通じゃないところに暮らしているんだから」という声を聞きました．また別の方は，市内のスーパーに行った際，39円の他県産のもやし

2）2013（平成25）年2月から5回にわたって，「風評被害に関する消費者意識の実態調査」が実施されました．第5回の調査結果を踏まえ，担当窓口である，消費者庁消費者安全化．消費者理解増進チームから，「食品と放射能の問題に対し，消費者から一定の理解が得られている」「今後も理解増進のためのリスクコミュニケーションにつとめる」というプレスリリースが2015（平成27）年3月に出されています．

と29円の福島産のもやしのどちらを買おうと売り場の前で迷っていたら，39円の他県産のもやしの方が良く売れていたという話をしてくださいました．「近所づきあいがあるし，バッシングを受けるから，みんな言わないけど，本音では，福島産の物を買いたくないって思っている」とおっしゃっていました．卒論研究のため，福島県でフィールドワークをした筆者のゼミの学生も同様の話を聞いたことがあるそうです．平尾の卒論研究（平尾［2014］）の中に，「放射能を気にしている素振りをみせたり，危険を指摘したりした人は非難されてしまう雰囲気が存在する」という語りが紹介されています．伊藤浩志の論考にも，「放射線そのものの影響より，気にすることが精神的ストレスの方が体に悪いですよと，医者に言われてしまうので，放射能の事を心配していることは医者に話をしたことがない」という，福島在住の母親の言葉が紹介されています（［2014: 110］）．こうした声と同調するような生産者によるコメントもあります．

> 「風評被害」について県農民連の根本敬（さとし）会長は「風評とは根も葉もないことをいう．我々の農作物は根にも葉にも放射性物質を付けられた．実害だ」とし，加害責任をあいまいにする用語の使われ方を批判した．
> 　「『風評ではなく実害』原発事故後の苦悩伝える　県農民連会長，国際シンポで訴え」
> 朝日新聞（2015年4月13日）

これらのエピソードやコメントから，風評を風評と考えない人，不安に思っていても不安でないかのようにふるまっている人が少なからず存在するということが分かります．国が管理しているから安全だと思っている人，周りの

人が安全だと言っているからまずは大丈夫と思っている人など，人それぞれだと思いますが，不安に思う人たちの声を公的な場所であまり聞くことがないということが，どのようなことなのかについて振り返ってみる必要があるでしょう．

V．風評被害の加害者とは？

ここまで，東日本大震災後の風評被害の状況と国の対策，被災地でのエピソードやコメントを列記してきましたが，ここで鶴見俊輔の興味深い言葉を引用します．

鶴見［1946］は，「言葉のお守り的使用法について」という論考の中で，言葉には，「主張的な使い方」と「表現的な使い方」があると大別しています．主張的な使い方とは，「震災後，日本の農作物の輸出が激減した」という言葉のように，数字，実験，論理でその真偽を確かめられるような言葉を指し示します．一方，表現的な使い方とは「被害者を救済しよう」のように，よびかけられる相手の認識や気持ちや行動になにがしかの影響をおよぼす可能性を持つ言葉を指しています．さらに，鶴見は3つめの分類として，一見すると事実を描写するだけの価値中立的な言明（「主張的な使い方」）に見えても，実はある主張を隠し持った，社会になにがしかの影響をおよぼす可能性がある言明（「表現的な使い方」）があると述べています．また，この言葉は，意味がよくわからないまま使われることが多いとも述べています．

これまで列記してきた事柄について振り返ってみると，東日本大震災後の「風評被害」という言葉が3つめの分類の言葉の特徴に当てはまるように思えてきます．先に述べたように，風評被害による被害は，被災地の農産物や食品の価格低下や，農業者・漁業者の経済損失といった数値な

どに関連づけられて述べられる事が多いため，この言葉がある種の〈事実〉を描写し，数値でその真偽を確かめられるような経済事象を指し示しているような錯覚を起こしますが，そればかりではないとすれば，この問題をどう理解すれば良いのかという疑問が浮かびます．

　鶴見の論を踏まえれば，風評被害という言葉は，経済的被害をこうむる被害者，そしてそれを引き起こす加害者が存在するのだということを示唆し，この問題を引き起こしているのは誰であるのかという責任の所在の模索がおこなわれているという事も言えます．国の原子力損害賠償紛争審議会の報告書には，「消費者または取引先」がこの問題を引き起こしていると明記されていますが，つまり，鶴見の考え方に基づくと，「だから消費者や流通業者は，風評被害につながることをすべきではない」という主張が潜んでいるとも解釈できるわけです．

　また，風評被害対策事業が推進される中，その対策に対して必ずしも納得できないという人たちが沈黙を余儀なくされるという事態が起こっているのではないかと見ることもできます．被災地において，放射能に対し不安に思う人たち，その不安についてオープンに語れない雰囲気や空気が存在するということが，何気なく使われている「風評被害」という言葉の影響なのかもしれないと考えてみることも重要です．

VI. 風評被害の渦中にいる生産者と市場関係者の声

　さて，フードシステム論[3]が示唆するように，食べ物が「農場から食卓まで」運ばれてくるまでの間には，さまざまな主体が関与しています．したがって，今回の事故にともなう風評被害という問題についてより現実に即して理

3）川上の農水産業，川中の食品製造業，食品卸売業，川下の食品小売業，外食産業，そして消費者などの各主

体が相互関係を持ちながら全体としてフードシステムを構築しているという観点から，食料問題や食品産業問題を分析する学問領域．詳細は日本フードシステム学会のホームページを参照［https://www.fsraj.org/］.

解するためには，フードシステムに関与する主体がその問題をどう捉えているかという問いが重要になります．そこで，本節では，生産者と流通業者が風評被害の問題をどのようにとらえているかという問題を取り上げ，順に見てみましょう．

筆者は，贈答品として高めの価格で売られていたモモ，サクランボなどの果物を直販する福島県の農家や，観光果樹農園の生産者の方々を訪ねる機会に恵まれました．2014年のことです．どの農家さんも消費者に安心しておいしく食べていただけるような果物を届けられるよう，涙ぐましい努力をしていらっしゃいますが，「検査結果の数値はクリアしているのに，福島産だからという理由で取引をしてもらえなくなった」，「お客さんから，福島産のゼロベクレルの物よりも，県外産の数ベクレルの物を買いたいと言われた」など，苦い経験を話してくださいました．モモの木は高圧洗浄をし，検査を重ね，放射性物質はＮＤ［not detected］なのにも関わらず，なぜ売れないのか，どうしたら買ってもらえるのかと逆に尋ねられました．福島県のモモは，無袋栽培が一般的で，太陽光をあてるため他の産地のモモに比べ赤く，有袋栽培より糖度が1度ほど高いそうです．そうした付加価値があるため福島産のモモは，震災前には贈答用として高値で売られていましたが，「贈答用に贈るのはちょっと…という人がまだ多くて」とあ

写真1　福島県産の桃が山梨県産のほぼ半値で販売（2014年8月，市内のスーパー，山口撮影）

写真2 卸売市場（2013年5月，東京，山口撮影）

る生産者の方がコメントをされています（時事ドットコム［2015］）．

　写真1は，2014年に福島市内のスーパーで筆者が撮影をしたものですが，山梨県産のモモの横に陳列されていた福島県産のモモは，ほぼ半値で売られていました．東京都中央卸売市場の統計でみる限り，2014年の福島県産のモモの平均卸売値は，全国のモモの平均卸売値の76.5％にまで戻ってきていることから（グラフ1），筆者が尋ねたスーパーは，特別なケースなのでしょう．しかし，生産者の悲痛な声を聞くにつけ，風評被害がまだまだ続いていると思わざるを得ません．

　同じ年に，筆者は，東京都内の卸売市場を訪問する機会を得ました．市場で卸売業者の方々に震災前と変わったことは何ですかと尋ねました．すると震災後は，「市場に出回る農産品の安全を確保するために，荷受けをする際には，放射能の検査がおこなわれているかどうか荷物についている書類を見て必ず確認をするようになった」そうです．いわゆる「放射能の見える化」を通して，購買意欲を誘おうというポスターも市場に貼られていました（写真

2)．

　しかし，市場に来る小売り業者との売り買いにおいて，放射能の基準値について，あるいはセシウムやベクレルといった専門的な話になると，充分には説明できないことがあるともおっしゃっていました．また，福島産の農産物を消費者が買わないかもしれないと危惧をする小売り業者とのやりとりにおいては，専門的な情報を使って相手を説得することは難しいと感じているそうです．産地から送られてきた農産品の流通の安全性がどのように確保されているのかを垣間見る一コマであり，また東日本大震災後における市場関係者のご苦労を知る良い機会でした．

　これらのエピソードを通して，国の方策に従い，風評被害対策として生産者は除染や農産品の放射線量の検査を行い，市場関係者は安全性確保のために検査済みの書類の確認を行っているという事がわかります．さらに今回のエピソードから確認できたことは，検査でＮＤとされる農産品であっても，商売の場面では，検査によりＮＤであるか否かではなく，消費者が買うのか買わないのかという想定が，物の売り買いの判断材料になるという点です．実際，所沢のダイオキシン報道，東海村臨界事故など過去の風評被害の事例において，市場関係者や流通業者は，消費者が安全かどうかの判断がつかない状態の物は売れなくなると想定し，値を下げるか，取引を辞めるという判断をしたという事が指摘されています（関谷［2011］）．つまり，科学的な正しさは，日々の仕事の慣行とは必ずしも一致しないという事です．むしろ一致しない場合が多いと考え，風評被害という問題を社会の領域の問題として，考え直してみる必要があるのではないでしょうか．

Ⅶ.「風評被害」という問題

　ここまで，国，被災者，生産者，市場関係者による風評被害という問題のとらえ方を紹介してきました．最後に，風評被害の定義をもう一度振り返りながら「『風評被害』という問題」について，論点を整理したいと思います．

　本章冒頭で，風評被害は「事実でない事が事実として認識され，経済被害が生じること」と定義しました．しかし，三者三様の問題のとらえ方を踏まえれば，事実は多面的であるということがわかります．つまり，誰にとっての，あるいは誰の視点から見た状況を事実として取り上げるかによって，いま起こっている現象を風評被害と呼べるかどうかという事が決まるのです．さらに述べれば，食の安全安心や食のリスクのとらえ方も多面的です．リスク評価が行われ，国の基準に則り，リスク管理されている状態を安全であるとする人もいれば，それでは安心できないという人も存在します．また，安全性のとらえ方は，国や地域によって異なるのみならず，個人によって異なり，また同じ人でも時期やその時々の状況によって異なります（Frewer［1994］）．また，食の安全安心や食のリスクの問題は，食料安全保障に関わる国の政策課題であると同時に，個人のくらしや健康に関わる個人的な問題でもあります．「食のリスク評価」と呼ばれる科学的手法の前提についても，「不確実性」[4]の観点から批判的にとらえる必要があるという指摘を踏まえれば（平川［2002］，中島［2007］），風評被害という問題は，科学技術と社会の関係性という観点から考えなくてはならない，多面的かつ多元的な問題であると言えるでしょう．

　東日本大震災後の風評被害を克服し，被災地の農林漁業を支えるという考えの正当性は疑う余地もありません．し

4）ここで言う「不確実性」とは，自然現象や社会動態に関する科学的な分析において，既存の知識ではわからない事や断言できない内容が含まれる事を指します．これは，科学技術社会論で，頻繁に取り上げられてきた概念です．

かし,科学的な管理法で食の安全を証明するだけでは,風評被害を無くすことはできず,ひとつの方法に固執するあまり,これがある種の社会的な圧力になる可能性もあることを考慮する必要があります.風評被害という問題は複雑な問題であるという共通理解の上,東日本大震災により被害を受けた多くの人びとが納得できるような〈合理的〉な解決策を模索することが重要だと考えます.この問題は,東日本大震災に見舞われた日本に住む私たちだけでなく,日本が農産品を輸出している国の人びとにとっても重要な問題です.この難しい状況の中で食の安全安心を確保するために,また東日本大震災の経験を風化させないためにも,社会のさまざまな声を聴き取る感性と,異なる考えに耳を傾ける余裕を持ちたいと思います.

Discussion Questions

(1) 食の「風評被害」には,本章で紹介した主体の他にどのような主体が関わっていますか?
(2) それらの主体による「風評被害」という問題のとらえ方を,既存の資料等を使い,明らかにしましょう.
(3) 本章の分析とあなたが行った分析結果を使い,主体ごとの問題のとらえ方の類似点,相違点について考えてみましょう.その上で風評被害という問題の〈合理的〉な解決策を提示し,その方策がなぜ合理的なのか,理由も述べてください.

【参考文献】
伊藤浩志 2014 「漫画『美味しんぼ』騒動が示す低線量被曝の課題——本当の意味での風化とは」『市民研通信』第 26 号.
時事ドットコム 2015 「戻った出荷量,戻らぬ価格＝風評,風化,見えぬ敵との闘い——福島・桃農家」7 月 17 日 http://www.jiji.com/jc/zc?k=201507/201507

1700763

食の安全・安心財団　2013　『風評被害実態構造調——風評被害解消に向けて』平成24年度国産食材利活用情報提供支援事業報告書，3月．

関谷直也　2011　『風評被害——そのメカニズムを考える』光文社新書．

鶴見俊輔　1946　「言葉のお守り的使用法について」『思想の科学』5月号．『鶴見俊輔集　三』所収．

内閣府　2013　『防災白書』．

中島貴子　2007　「科学的知見の不確実性と専門家の倫理——戦後日本の食品事件を例として」『技術倫理研究』4，51-77頁．

日本学術会議　東日本大震災復興支援委員会　福島復興支援分科会　2013　『原子力災害に伴う食と農の「風評」問題対策としての検査体制の体系化に関する緊急提言』9月6日．http://www.scj.go.jp/ja/info/kohyo/pdf/kohyo-22-t177-2.pdf

農林水産省　2011　「農業・農村の復興マスタープラン」8月26日決定以後5回更新．http://www.maff.go.jp/j/kanbo/joho/saigai/higai_taio/pdf/a270703_hontai.pdf

平尾章恵　2014　『リスク社会における風評被害——3.11後の福島の農作物』，国際基督教大学学士論文，2014年3月．

平川秀幸　2002　「リスクの政治学——遺伝子組換え作物論争のフレーミング分析」小林傳司編『公共のための科学技術』玉川大学出版会，109-38頁．

廣井脩　2001　『流言とデマの社会学』文藝春秋．

福島県　2015　『福島県風評・風化対策強化戦略』第1版，9月．https://www.pref.fukushima.lg.jp/sec/01010d/senryaku-sakutei.html

復興庁　2014　『風評対策強化指針』6月23日．http://www.reconstruction.go.jp/topics/main-cat1/sub-cat1-4/20140626112531.html

Frewer, Lynn. J. 1994 "The Interrelationship between Perceived Knowledge, Control and Risk Associated with a Range of Food-Related Hazards Targeted at the Individual, Other People and Society," *Journal of Food Safety*, 14(1), pp. 19-40.

【科学技術コミュニケーション／Science and Technology Communication】

第7章
地域社会における専門家と住民の関係
―― 災害にどのように備え，対応すればよいのか ――

萩原優騎

> 　震災後の復旧・復興を考えるにあたって，道路，鉄道，建物などのインフラストラクチャーの復旧だけではなく，さまざまな立場の人から成る，人間関係としての「社会」の復興についても考える必要があります．社会の復興を考えるための論点として，何が重要なのでしょうか．また，これから起こるとされるさまざまな災害への備えのためには，私たちには何が求められるのでしょうか．
> 　本章では，専門家と地域住民の関係性という切り口から，これらの問題を考えてみたいと思います．科学技術リテラシー，ローカル・ノレッジ，専門家と非専門家のコミュニケーションといった概念を中心に，社会の復興と災害への備えについて，科学技術コミュニケーションの視点からアプローチをします．

[Key Words: 専門家，ローカル・ノレッジ，科学技術リテラシー]

● 科学技術コミュニケーション：誰が，どのように意思決定するのか

　現代社会では，科学技術の大規模化・高度化が進み，かつての社会の「常識」が問い直されなければならない状況に直面しています．それは，特定の研究領域の専門家ではない「素人」とされる人々が，科学技術をめぐる諸問題にどのように関わるべきなのかということについての「常識」です．従来は，「科学技術のことは難しくて，自分たちにはよく分からない．だから，専門家に任せよう」という考え方が，社会の中で広く共有されてきました．現在でも，そのように考えている人は少なからず存在するのではないでしょうか．実際，特定の科学技術につ

いて熟知しているのは，当該領域の専門家である研究者に限られるという場合が大半であると思われます．

一方，現代社会が直面している諸問題の特徴の一つは，「それぞれの領域の専門家も，よく分からない」ということなのです．その主な理由の一つは，問題の性質が複合的であるということです．一例として，地球温暖化の問題を考えてみましょう．温暖化が進行した原因とされる，二酸化炭素をはじめとする温室効果ガスの排出量の増加の背景には，近代化に伴う科学技術の発達と，そのような状況のグローバル化という事態があります．この問題を，特定の研究領域の専門家のみの判断によってとらえることはできません．第一に，温暖化の解決のために必要となる知識や技術は，さまざまな研究領域にまたがっています．第二に，温暖化が進んでいる状況は，科学技術によってのみ作り出されたものではなく，そこには社会的・経済的な要因も深く関わっています．また，今後のあるべき方向性を考えるためには，倫理や文化などの視点も必要になるでしょう．そうであるならば，人文・社会系の専門家の関与も，問題解決には不可欠となるはずです．

「それぞれの領域の専門家も，よく分からない」ことのもう一つの理由は，「不確実性」ということです．同じく，温暖化の問題を例に考えてみましょう．温暖化の進行の将来予測については，さまざまなシナリオが作られています．このまま事態が進行した場合，どの時点までに，どの程度，温暖化が進むと考えられるのか．その予測に基づいて，どの時点までに，どの程度の対策をすれば，どの程度まで温暖化の進行を防げるのか．こうした予測については，各種の学説が競合しています．そして，それらの学説のうち，どれが本当に正しかったのかということは，実際に年月が経過してみなければ分かりません．つまり，何が「真相」であるのかということは，専門家にも現時点では分からないのです．このように，意思決定の対象に不確実性が伴っているというのが，大きな特徴です．それにもかかわらず，複数の学説を比較・検討した上で，問題解決に向けて何らかの意思決定を行わなければなりません．

以上のような状況では，専門家が意思決定の中で果たす役割を再考する必要に迫られます．それに伴って，「非専門家」の意思決定への関与という新たな論点が登場します．第一に，特定の研究領域の専門家だけでは意思決定を下すことができない問題について，それぞれの領域の専門家たちは，専門外の事柄にも関わることになります．自身の専門ではない領域，つまり，「非専門家」として関わらな

ければならない領域に踏み込まざるを得ないのです．第二に，必ずしも特定の領域の専門的知識を持っていない人々，先に「素人」と表現した人々も，意思決定に無関係ではいられなくなります．なぜなら，このような意思決定の場合，その対象となる問題が自分たちの日常生活に直結していることも多いからです．その例として，日本の人々にとって温暖化問題以上に身近であると思われるのは，東日本大震災での原子力発電所事故による放射能汚染の問題でしょう．何をリスクと見なすのか，どこまでリスクを受け入れるのか，どの程度まで対策をとるのかといったことについての意思決定は，専門家が安全性の基準を示すだけでは足りません．複数の基準の中からどれを採用するのか，個人としてどのように対応するのかといったことをめぐって，社会の側，そして，そこに生きる一人一人の判断が求められます．

このように，特定の研究領域の専門家だけでは意思決定が成り立たない問題については，複数の領域の専門家の間で，そして専門家と「素人」との間でのコミュニケーションを通じて，より望ましい意思決定を模索していかなければなりません．それゆえ，科学技術をめぐるコミュニケーションのあり方を考えることが，重要な論点になっています．この点について，「科学技術コミュニケーション」という問題設定が立てられて，学問の垣根を越えた領域横断的な研究が進められています．

I．本章の目的

東日本大震災の発生以降，「地域社会の復興」ということが，さまざまな場面で掲げられるようになりました．そこでの課題の一つは，再び大規模な災害が発生した場合を想定して，どのような対策を立てればよいのかということです．そのことを考える前提として視野に入れておかなければならない重要な事柄は，専門家と地域住民の関係です．科学技術の大規模化・高度化が進んだ現状では，それぞれの研究領域の専門家が社会の中で大きな役割を果たし

ています.しかし,専門家に全てを任せておけばよいとは言えないでしょう.それぞれの地域社会で生じている問題に取り組むには,地域住民も意思決定の過程に関与することが重要な意味を持つことが少なくありません.たとえば,地震や津波,放射能汚染など,東日本大震災発生以後にこれまで以上に注目されることとなった災害への対策をより実効的なものにするには,専門家の知見や技術だけでなく,その地域に生活している人々の視点も不可欠でしょう.そうした取り組みの場面で,専門家と地域住民にはそれぞれどのような判断や行動が求められるのでしょうか.

II. 科学技術と社会

1. 専門家システム

社会の近代化が進むにつれて,科学技術は日常生活を維持するために不可欠なものとなりました.社会学者のアンソニー・ギデンズ(Giddens, Anthony)は,近代化によって人々の生活がどのように変化したのかということを論じています.近代以前の社会では,人々の日常生活は特定の場所に限定された営みが中心でした(Giddens[1990: 18=1993: 32-3]).日常生活の中での行動範囲は限られていたのであり,大抵の人々は自分が生まれ育った環境からそれほど遠くない場所で一生を過ごしたと思われます.

やがて,知識や技術が発達するに伴い,人々の生活は変化していきました.また,通信や交通の手段が整備され,人々の生活の範囲は拡がっていきました.それは,人々の生活形態が特定の場所に限定されない,あるいはその拘束を受けないものになっていくということを意味します.ギデンズは,そのことを「脱埋め込み《dis-embedding》」と表現します.脱埋め込みとは,社会関係がローカルな脈絡から切り離されるということです(Giddens[1990: 21=1993:

35-6])．こうした状況では，人々に対する従来の伝統の拘束力も弱まる傾向にあります．すると，従来の伝統に代わって社会を維持する機能が必要になります．そのような役割を果たすものとして，近代社会に「専門家システム」が出現しました．

近代社会では，人々はそれまで自分たちが担ってきた生活上の多くの基本的な機能を外化し，公共に委託していきました（村上［1998: 103-4］）．教育やゴミ処理をはじめ，かつては家庭でなされていた事柄が，それぞれの分野を専門とする人々によって担われるようになりました[1]．それ ばかりか，日常生活そのものが専門家システムに支えられて成立しています．たとえば，交通機関や身の回りの電化製品，そしてそれらを取り巻く各種の規制など，日常のあらゆる場面に科学技術の成果とそれを運用する制度が関わっています．

日常生活の中で使用している電化製品について，人々の多くはその構造をよく知らないはずです．製品の構造を知らなくても，取扱説明書を読んで理解すれば，必要な機能を簡単に使いこなせるように設計されているからです．製品が故障した場合には，業者に修理に出すというのが一般的でしょう．「絶対に分解しないでください．故障の原因になります」などと書かれていて，専門家以外は製品の構造を知らなくてもよいということが，暗黙の了解になっているとさえ言えます．

このように，専門家ではない人々の「無知」を前提に，日常生活の一定の部分を専門家システムにゆだねることで，現代社会は成り立っています．そこでは，専門家システムは人々にとって自明なものであり，その存在が日々の生活の中で改めて意識されることはほとんどないでしょう．つまり，専門家システムが通常想定されている通りに作動するという，ある種の信頼を前提として，人々の日常

1）ゴミ処理の問題は，専門的な知識や技術の産物としての科学技術が高度に発達したことにも深く関係しています．そのまま自然界に放出してしまった場合，自然の浄化作用では分解されにくい物質も現代社会には多いので，専門業者によって適切に処理することが望ましいと考えられています．そのような物質が生み出されたことにもその処理にも，換言すれば，環境破壊の発生にも解決にも科学技術が関与しているというのが，現代社会の特徴と言えるでしょう．

生活は営まれているのです（Giddens[1990: 29=1993: 44]）．

2．リスク社会の出現

専門家システムに対する人々の信頼は，どのように成立しているのでしょうか．ギデンズは，そのことを「顔の見えないコミットメント」という表現を用いて説明します．「顔の見えない」というのは，特定の専門家に対してというよりは，専門家の有する知識やシステムそのものに対しての信頼だからです（Giddens[1990: 27-8=1993: 43]）．たとえば，自動車を運転している時に人々は，目の前の信号機が誤作動している可能性があると思っているでしょうか．おそらく，そのようには想定していないでしょう．むしろ，信号機を運用するシステムは常に正常に機能しているという前提で，運転しているはずです．このような信頼は，運用システムに関わる専門家個人ではなく，そのシステム自体，あるいはシステムを支える専門性への信頼です．

「顔の見えないコミットメント」に対置される概念は，「顔の見えるコミットメント」です．それは，「共にそこに居合わせている」状況での信頼関係を指します（Giddens[1990: 80=1993: 102]）．目の前の相手との対人関係と言いかえてもよいでしょう．この「顔の見えるコミットメント」こそ，「顔の見えないコミットメント」の安定性を支えているものであるといいます．なぜなら，専門家システムに対する信頼は，それに責任を負う専門家や集団との出会いによって補強されうるからです（Giddens[1990: 83=1993: 106-7]）．そのような場面で専門家がどのようにふるまうかということは，人々からの信頼にもある程度は影響するかもしれません．落ち着き払った態度や，それと結びついた誠実さの明示などが，専門家が信頼を得るためには重要であるといいます（Giddens[1990: 85=1993: 108]）．

ところが，専門家システムへの信頼が必ずしも機能しない状況が各所で見られるようになりました．そのような状況を，社会学者のウルリッヒ・ベック（Beck, Ulrich）は「リスク社会」と名づけました．かつては，意思決定の場面で専門家の下す判断が大きな影響力を持っていました．より正確に表現すれば，「専門家の判断は正しく，信頼してよい」という前提が機能している場合が多かったと言えるでしょう．それは，科学技術を基盤とした専門家システムそのものへの信頼でもありました．

　一方，リスク社会では，科学技術の専門家にすべての判断をゆだねるという方策では解決できない問題が次々に生じています．なぜなら，何が科学的に「正しい」のかということが，必ずしも定まっていない場合も多いからです．放射性物質の拡散予測や人体への将来的な影響の予測など，東日本大震災で直面した諸問題は，まさにその例です．これまでに研究の蓄積が十分にないもの，これから生じるかもしれない事態について予測がつきにくいものは大抵，複数の学説が競合しています．それらの見解が相容れない場合，専門家たち自身も，どの学説が科学的に「正しい」のかということを明言できないでしょう．

3．非専門家の関与

　環境問題をはじめとする科学技術に関わる諸問題の多くは，その原因が複合的です．それゆえ，問題の分析にも解決にも多角的なアプローチが必要であり，さまざまな研究領域の専門家の相互の協力が求められます．特定の研究領域の専門家がすべての決定を下すことはできませんし，その権利もないでしょう．また，先述した放射性物質の拡散予測や人体への将来的な影響の予測のように，科学的に何が「正しい」のかということが不確実である問題について，科学的な知見のみを根拠にあらゆる決定を下すことも

できません[2]．

　それゆえ，専門家だけでなく「非専門家」の側にも，直面する課題への一定の判断が求められます．ここで言う「非専門家」には，行政，企業，民間団体，一般の人々など，当該の問題を扱う研究領域の専門家以外の，社会のあらゆる構成員が含まれます[3]．ただし，専門家ではない人々が意思決定に参加する場合であっても，専門家の知見は不可欠です．そこでは，専門家とそれ以外の人々の間で，知識や情報について，どのようにコミュニケーションを図るかということが重要な課題になります．

　かつては，専門家が非専門家に対して一方向的に知識や情報を与えればよいという「啓蒙」型のコミュニケーションが一般的だったといいます．「専門家ではない人々による科学技術への反対，不安，批判，抵抗は情報の欠如に由来するのであり，もし人々が正確に理解できれば，それらは解消されるはずだ」と想定されていたのでしょう（Beck [1986: 76=1998: 89]．しかし，リスク社会では，専門家と非専門家との間での双方向のコミュニケーションが重要であると言われます．その背景にあるのは，専門家に意思決定をすべてゆだねればよいとは必ずしも言えないという，先程述べたような状況です．専門家も不確実な判断しか下せない場面では，専門家から非専門家への一方向的な情報伝達のみでは，社会の意思決定を行う上で十分ではないということです．

　ただし，双方向のコミュニケーションとはどのようなものなのかということを，よく検討する必要があります．その際に注目すべきなのは，地域の人々が日常生活の中で経験的につちかってきた，「ローカル・ノレッジ《local knowledge》」です．それは，現場の条件に「状況依存した」知識，現地で経験してきた実感と整合性をもって主張される現場の勘であると定義されます（藤垣 [2003: 129]）．

2) そうした状況は，「トランス・サイエンス《trans-science》」と呼ばれます．それは，「科学によって問うことができるが，科学によって答えることのできない領域」と定義されます（Weinberg [1972: 209]）．科学によってすべてを決定できないとすれば，意思決定の根拠として科学的な知見以外のさまざまな要素が求められます．

3) 専門的知識を持つ人々とそれ以外の人々（専門家と非専門家）という対比は，論点を明確にするために用いている便宜的なものです．ある研究領域の専門家に区分されない人々もその内実は多様であり，消費者や職業人，地域住民などとして，それぞれ独特の知識や経験を有しているからです（平川 [2005: 58]）．また，ある領域の専門家である人も，他の領域については非専門家であると言えるでしょう．

写真1　宮城県石巻市では，海から遠く離れた地域にも津波の被害が及んだ（萩原撮影）

　もちろん，ローカル・ノレッジに一定の意義を認めることは，それを絶対化したり，専門家の判断よりも常に優先させたりすることを意味するわけではありません．専門家ではない人々の視点に基づく意見や指摘によって，専門家が見落としていた点が補完されるといったこともあるゆえに，両者の間での双方向的なコミュニケーションが求められるのです（Slovic [2000: 231]）．

　このような指摘は正しいのですが，ローカル・ノレッジの意義は時として強調されすぎることがあるように思われます．その結果として，ローカル・ノレッジを用いれば容易に問題解決に至るかのように錯覚され，専門家と地域住民の関係についての問いがおろそかにされるようなことがあってはならないでしょう．そのことを具体的に考えるために，津波災害発生時の避難行動について，次に扱います．東日本大震災では，人々の予想をはるかに上回る深刻な津波災害が発生しました（写真）．その経験に基づいて，津波発生時の被害をできるだけ少なくすることを目的とした取り組みのあり方が問われています．ここでは，いくつかの事例を見ながら，問題の所在を検討します．

Ⅲ．津波災害への備え

1．ローカル・ノレッジと避難行動

　津波が襲った地域で人々の避難が成功した例としては，「津波てんでんこ」が有名です．「てんでんこ」とは，「てんでんばらばら」の意味です．津波が発生したら，家族らと一緒に避難しようとするのではなく，各自がてんでんばらばらに避難すべきであるということです．東日本大震災では，家族や仲間を助けようとして逃げ遅れ，死亡した人々も少なくありません．それゆえ，津波が発生した時に，自らの判断で各自が逃げられるようにすることの重要性が強調されました．これは，日常での生活経験に基づいた避難行動であり，ローカル・ノレッジの一種であると言えるでしょう．

　しかし，津波てんでんこが避難行動の成功例であるとしても，ローカル・ノレッジを採用すれば必ずうまくいくというわけではありません．逆に，ローカル・ノレッジが被害を拡大させた例も報告されています．1960年にチリ地震が発生した際，その影響で福島県いわき市に津波が襲来しました．東北都市社会学研究会は，この津波を経験した薄磯地区や豊間地区の地域住民へのアンケートを，東日本大震災の発生後に実施しました．チリ地震の際の津波の経験に基づいて，東日本大震災で「津波を警戒して避難した」は14.1%，「津波は警戒していなかったが避難した」は5.9%，「津波は警戒していたが避難しなかった」は35.3%，「津波は警戒していなかったので避難しなかった」は28.2%と，避難した人は全体の20%程度にとどまっています（松本［2014: 4］）．この結果を，どのように理解すればよいのでしょうか．

　チリ地震の際に襲来した津波では，その影響による大き

表1　言い伝えを知っていたかどうかということと避難行動との関係

	対象者数(人)	津波が来る前に避難した(%)	津波が来た後に避難した(%)	避難しなかった(%)
全体	180	57.8	22.8	12.2
言い伝えを知っていた	49	61.2	16.3	14.3

松本［2014: 6］の「表3-2」の一部を改めた（萩原作成）

な被害は当該地域に発生しませんでした．アンケートの結果の中には，この地域では津波の被害は少ないと聞いていたという回答や，チリ地震の時の経験から大規模な津波は想定していなかったという回答が見られます[4]．日頃の防災活動や，避難訓練もなかったといいます[5]．このように，チリ地震の時の経験は，地域住民の津波対策を促進するものとしては機能していなかったことが考えられます．つまり，一定のローカル・ノレッジを蓄積していても，それがプラスの効果をもたらすとは限らないのです．それどころか，ローカル・ノレッジの蓄積の仕方次第では，津波対策にマイナスの影響をもたらすかもしれないのです．

では，昔からの言い伝えのように，長期間にわたって地域社会に共有されてきたローカル・ノレッジの場合は，どうでしょうか．当該地域で災害についての言い伝えを知っているという人は，回答者のうち約4割だったといいます．言い伝えを知っていたことと避難行動との関係に，ここでは注目してみましょう（表1）．どのタイミングで避難したかという質問に対して，「津波が来る前」は57.8%，「津波が来た後」は22.8%，「避難しなかった」は12.2%でした（松本［2014: 4］）．この質問を，言い伝えを知っていたという人々に限って見てみると，「津波が来る前」は61.2%，「津波が来た後」は16.3%，「避難しなかった」は14.3%でした（松本［2014: 5］）．言い伝えを知っているだけでは，その知識は避難行動をうながすものとして必ずしも有効であるとは言えないようです．

[4] もちろん，当該地域での避難行動が迅速ではなかった，積極的ではなかったとされることの理由を，これらの回答からすべて推し量ることはできないでしょう．たとえば，東日本大震災の被災地では，大規模地震の発生前に小規模地震が頻発していました．そうした状況への一種の「慣れ」も，震災発生時の避難行動に何らかの影響を及ぼしていた可能性は否定できないでしょう．このように，さまざまな要因が複合的に作用しているであろうことを理解しておくことが重要です．

[5] ただし，津波が来る直前に，近隣からの呼びかけが人々を避難行動に向かわせたという報告もあります（松本［2014: 5］）．もちろん，近隣関係が良好であったとしても，ただちに避難行動がとられるとは限りません．逆に，家族関係や近隣関係が避難行動をうなが

2．科学技術リテラシー

地域住民がローカル・ノレッジを豊富に持っていても，それだけでは十分とは言えそうにないことが，以上の事例から見えてきました．したがって，人々の避難行動に影響を及ぼすかもしれない，さまざまな要因も考慮に入れる必要があるでしょう．その一つが，避難行動に関わる情報です．現代社会は専門家システムによって成立していることを本章の冒頭で述べましたが，津波の予測は専門家が行い，さまざまな専門家システムを通じて人々に提供されます．そのような情報やシステムが，個々の場面での避難行動にどのように活用されるべきなのかということは，重要な論点です．

このことを考えるために，一つの例を見てみましょう．2003年5月に宮城県沖で発生した，マグニチュード7.0の地震についてです．その際に，気仙沼市の住民が津波の危険に対してどのような避難行動をとったのか，群馬大学などによる調査記録があります．この地域では，1896年の明治三陸地震に伴う津波で大勢の犠牲者が出ていますが，2003年の地震発生時に津波に備えて避難した住民は全体の1.7%にとどまりました（片田・児玉・桑沢・越村［2005: 93］）[6]．この時，津波被害は実際には発生しませんでしたが，「津波被害なし」という情報が発信されたのは地震発生から12分が経過した時点だったといいます．その間，避難する意思があっても結果として避難しなかったという住民らは，津波に関する情報を待ち続けていたことになり，情報への依存が自発的判断を阻害したと考えられます（片田・児玉・桑沢・越村［2005: 96］）．

次に，ローカル・ノレッジと科学的知識の関係についてです．ローカル・ノレッジとして人々が有しているものが，常に正しいとは限りません．気仙沼市の例では，地震の揺れに対して恐怖を感じた住民の方が，津波が来ると

すどころか，反対の効果をもたらすこともあるかもしれません．その一例が，東日本大震災での原発事故の発生に伴う避難行動です．福島県相馬市で行われた調査によると，人々が地域外へ避難するか否かを決める際，家族の意見が鍵となることが多かったようです．しかし，放射能問題について十分な知識を持っていなかった住民の場合，家族の意見は避難を促進する方向にも抑制する方向にも働いたといいます（齊藤［2012: 162］）．

6）この調査でも，先述の東北都市社会学研究会による調査と同様，地域住民が自分たちは被害にあわないだろうと判断していたらしいという結果が得られました．その要因として，二つのことが挙げられています．一つは，過去の津波で被害を受けなかった住民ほど，自分たちには被害は及ばないと思いこむ「イメージの固定化」であり，もう一つは，

意識していたといいます（片田・児玉・桑沢・越村［2005: 98］）。しかし，このような認識が，かえって避難行動を遅らせる可能性もあるのです。明治三陸地震津波のように，当地で感じる揺れが小さくても大きな津波が来ることもあり，津波が来るかどうかを地震の大きさで判断することは，避難行動についての判断を誤る結果を招く恐れがあります（片田・児玉・桑沢・越村［2005: 98］）[7]。

つまり，過去の経験，もしくはその言い伝えというローカル・ノレッジだけを根拠とした判断は，危険を伴います。ローカル・ノレッジは，必要に応じて科学的知識によって補完されなければなりません。そのためには，人々が専門家からの情報を一定の程度は理解し，それに基づいて判断するための，科学技術リテラシーが必要となります。もちろん，専門家からの情報をすべて無条件に受け入れるということではありません。また，先に述べましたように，専門家の間でさえ学説や見解が異なる場合もあり，そこには不確実性があります。それにもかかわらず，地域住民がいち早く避難行動をとるためには，専門的知識が必要になる場合もあるのです[8]。

これらの指摘に加えて，科学技術リテラシーの中身についての検討も必要です。人々が活用する専門的知識の一つに，津波ハザード・マップがあります。それは避難行動について考える上で参考になるとしても，目前の災害に対して必ず有効であるという保証はありません。津波の専門家が検討して公的機関が発表したという事実によって，ハザード・マップの予想通りの事態になると思う人々が多いかもしれませんが，ハザード・マップの情報はさまざまな前提に基づいた一つの浸水シナリオに過ぎないのです（片田・児玉・桑沢・越村［2005: 102］）。

したがって，科学技術リテラシーを身につけるだけでなく，それをどのように使いこなすかということも重要で

防潮堤があるから安心という判断による，危機意識の低下です（片田・児玉・桑沢・越村［2005: 98］）。このような要素が強く働いた場合，人々がただちに避難行動をとるとは限らないでしょう。

7）同じことは，津波の性質についての住民の理解にも当てはまります。気仙沼市での調査では，「津波が来る前に海の水が引く」という項目に「そう思う」と回答した人々が全体の90%近くに達したといいます（片田・児玉・桑沢・越村［2005: 99］）。これも，過去の経験から判断したものと思われます。しかし，明治三陸地震津波やチリ地震の影響によって発生した津波がそれに該当するとはいえ，昭和三陸地震津波のように上げ潮から始まる場合もあるのです（片田・児玉・桑沢・越村［2005: 99］）。

8）そのことは，特に放射能汚染の問題に当てはまるでしょう。ベックが指摘するように，現代社会のリスクには，目や耳で直接知覚することができず，化学や物理学の知見なしには認識しえないものが多いと言えます（Beck［1986: 28=1998: 27］）。東日本大震災発生後も，地震や放射能汚染について，さまざまな専門用語やデータがメディアの報道の中

す．ここには，科学技術リテラシーを獲得しようとする地域住民の側だけでなく，情報を発信する専門家についての問題も含まれます．専門家は情報を発信すると共に，津波情報の理解を効果的にうながすような内容の検討，その周知や伝達方法も検討しなければなりません（片田・児玉・桑沢・越村 [2005: 103]）．ハザード・マップを人々が過信することのないように，それが適切に用いられる仕組みを作ることも，専門家や公的機関の課題として認識されるべきでしょう．

で飛び交いました．これらをある程度は理解した上でなければ，避難するかどうかということについて，自ら判断することは難しいでしょう．地域の言い伝えなどの中には，放射性物質のリスクについての知見は存在しません．それゆえ，ローカル・ノレッジで対応できる範囲は限られるのです．

IV．専門家と地域住民の新しい関係

1．非専門家の参加

これまで見てきましたように，専門家と地域住民の間でのコミュニケーションやローカル・ノレッジの活用方法については，さまざまな角度から慎重に検討されなければなりません．また，ローカル・ノレッジの重要性との関連で，非専門家としての地域住民の果たすべき役割が強調されがちですが，ここにも注意すべき点があります．

第一に，非専門家の役割とはどのようなことを指しているのか，必ずしも明らかではない場合があります．「非専門家を意思決定に参加させないと批判されるから，とりあえず一般の人々にも呼びかけよう」といった意図で非専門家の参加が求められるようなことがあれば，そこでの参加は形式的なものにしかなりえないでしょう．当該領域の専門家ではない人々が意思決定に参加することの意義やそこでの役割について，常に明確にしておくことが重要です[9]．

第二に，非専門家としての地域住民の意思決定への参加の重要性が強調されるあまりに，専門家の責任が問われにくくなることがあってはなりません．原発事故への対応のように，リスク社会では科学技術の専門家の関与と，責任

9)「当該領域の専門家ではない人々」という場合，周辺領域の専門家の存在も視野に入れるべきでしょう．周辺領域の専門家は，自分の専門領域に引き寄

のある対応が不可欠な場面が各所に見られます．しかも，特定の研究領域の専門家だけでは対応が困難な，複合的な性質の問題が増えていることも事実です[10]．したがって，複数の領域の専門家が，起こりうる出来事について多角的に検証できるようにすることが必要です．

第三に，非専門家と呼ばれる人々も意思決定の過程に参加する上で，一定の責任を担わなければならないということです．専門家が提示する内容についてすべて理解できないとしても，できる限り適切に理解しようとすること，その上で，専門家ではない立場から，社会の一員として責任のある発言をすることが重要です．「その分野の素人だから，無責任に何を言ってもよい」ということではありません．

第四に，専門家の判断に基づいて政策を遂行する，関係省庁などの担当者についても，視野に入れておくべきでしょう．こうした役職を担う人々には，科学技術に関わる専門的知識を十分に有することが期待されます．しかし，東日本大震災発生時の原発事故に関しては，経済産業省原子力・安全保安院や内閣府原子力安全委員会による従来の対応に問題があったことが明らかになりました．問題は多岐にわたりますので，本章との関連で注目したい点に限って，ここでは触れることにします．それは，短期的なローテーションで人事が行われるために担当者の専門的能力の蓄積が不足していたこと，結果として原発関連の情報についても事業者側に依存せざるをえなかったことです（平岡［2013: 14］）[11]．専門家と地域住民の間に立ち，政策を進める人々も，科学技術に関わる行動主体として，責任のある判断と行動，それらを実現するために必要な知識や能力の獲得が求められます．

せることによって，当該領域の専門家よりも広い視野で問題を検討することができるかもしれません（平田［2015: 44］）．当該領域の専門家が，その領域の研究に長けているがゆえに視野が狭くなり，見落としてしまっているかもしれない事柄に，周辺領域の専門家たちが気づく可能性もあるでしょう．周辺領域の専門家は，当該領域の専門家ではないという意味では「非専門家」ですが，一定の専門性を有するゆえに，地域住民とは異なる役割を果たしうるのです．

10）たとえば，東日本大震災発生後，2011年3月22日の参議院予算委員会にて，内閣府原子力安全委員会委員長（当時）の班目春樹は，原発事故の状態が「想像よりもどんどん先に行っちゃっている」と発言しました．この発言については，さまざまな解釈が成り立ちうると思われます．しかし，ここで確認しておきたいのは，原発の設計の専門家であるからといって，原発に関わる災害や事故についても十分な専門的知識を有しているとは限らないということです（柳田［2011: 130］）

11）関係省庁などの担当者がさまざまな判断を行う場面で，その判断の根拠となるもの

2．人文学・社会科学の専門家

　ここまでの議論では，「専門家」を主に科学技術に関わる研究・開発を行う人々に限定して考察してきたことに注意してください．非専門家としての地域住民の意思決定への参加を考えるには，地域社会の制度や価値などを扱う，人文学や社会科学の諸領域の専門家の関与も重要です．津波からの避難行動にも当てはまることですが，地域社会での日常生活を構成するさまざまな要素が人々の判断に影響を与えていると言えそうです．そうした諸要素およびそれら相互間の関係について扱う視点は，地域住民が自分たちの生活環境，そしてそこでの人・自然・社会の相互関係を改めて問い直し，今後のあるべき方向性を検討する上での見取り図を提供するものになりえます．

　たとえば，災害をめぐる地域住民の意思決定にはさまざまな側面があることを，人文学・社会科学の研究は示しています．災害への地域住民の関わり方には，どのように物理的な対応をとるかという物質的・制度的な側面と，自然現象や周囲の環境とどのように関わりながら生活のあり方を設計するかという価値的・精神的な側面があります（鬼頭［2006: 58］）．防潮堤の建設やハザード・マップの作成などは前者に，地域社会の伝統的な自然観やローカル・ノレッジは後者に，主に関係していると言えるでしょう．そしてこの二つの側面は，人と自然との関係が中心になる営みと，社会における人々の関係が中心になる営みに分類できます（図1）．

　このように地域社会における人々の災害との関わりを整理することによって，それぞれの地域の現状や今後の方向性が見えやすくなるでしょう．これまでの，あるいは現時点での人・自然・社会の相互関係はどのようなものであったか，そこには改善されるべきどのような問題点があるのか，今後どのような方向を目指すか，そのためには何をど

を事業者側からの情報に依存していたとしたら，適切な判断を行うことは難しいでしょう．もちろん，ここには知識や情報の問題だけでなく，事業者との癒着などの問題も含まれます．しかし，たとえ癒着などの問題をなくすための対応が十分になされたとしても，担当者たちに専門的知識が欠如していたとしたら，問題は改善されがたいでしょう．

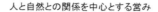

鬼頭［2006: 58］の「図3」に着想を得た（萩原作成）

のように改めればよいのか．このような問いを立てて論点を整理し，検討を進めていく上で，人文学・社会科学の専門家が果たすべき役割は大きいはずです．

　また，人文学・社会科学の専門家には，意思決定の手法に関する研究の蓄積も豊富にあります．本章で見てきた，専門家と地域住民の関係についての視点は，まさにその例です．それぞれの地域社会の特徴はさまざまであり，それらを無視した一律な政策は，実効的なものにはなりえないでしょう．それゆえ，当該地域の実態を多角的に検討し，専門家と地域住民が相互に学び合いながら，どのようにより望ましい意思決定を実現できるかということを考えていかなければなりません．どんな場面にも適用可能な，万能な解決策を専門家が提示することはできませんし，そのような解決策など存在しないのです．このような認識を出発点として，地域住民が自分たち自身の問題であるという自覚を持って，専門家との共同・協働作業のあり方を考えていくことが必要です．

Discussion Questions

（1）専門家と非専門家の間でのコミュニケーションをより実効的なものにしていくには，どうすればよいでしょうか．

（2）専門的知識やローカル・ノレッジが意思決定の場面で必ずしもうまく機能していない状況を変えていくには，どのような仕組みづくりや取り組みが必要でしょうか．

（3）大学などで専門的知識を身につけるということは，東日本大震災発生以後の社会で生きていく上で，どのような意味を持つでしょうか．

【参考文献】

片田敏孝・児玉真・桑沢敬行・越村俊一　2005　「住民の避難行動にみる津波防災の現状と課題――2003年宮城県沖の地震・気仙沼市民意識調査から」『土木学会論文集』第789号，93-104頁．

鬼頭秀一　2006　「環境倫理における風土性の検討」『公共研究』第3巻第2号，47-60頁．

齊藤康則　2012　「原発被災地における〈逗留者〉の『活動の論理』――原発四五km圏＝相馬市におけるボランティアとネットワーク」『震災学』第1号，156-85頁．

平岡義和　2013　「組織的無責任としての原発事故――水俣病事件との対比を通じて」『環境社会学研究』第13号，4-19頁．

平川秀幸　2005　「リスクガバナンスのパラダイム転換――リスク／不確実性の民主的統治に向けて」『思想』第973号，48-67頁．

平田光司　2015　「トランスサイエンスとしての先端巨大技術」『科学技術社会論研究』第11号，31-49頁．

藤垣裕子　2003　『専門知と公共性――科学技術社会論の構築へ向けて』東京大学出版会．

松本行真　2014　「地域で形成される民衆知と津波避難の関係」『被災自治体における防災・防犯コミュニティ構築とローカルナレッジ形成に関する研究――2013年度科学研究費補助金（若手研究B）研究成果報告書』東北都市社会学研究会，1-20頁．

村上陽一郎　1998　『安全学』青土社．

柳田邦男　2011　「「『想定外』か？――問われる日本人の想像力」『文藝春秋』第89巻第5号，126-33頁．

Beck, Ulrich 1986 *Risikogesellschaft: Auf dem Weg in eine andere Moderne*, Suhrkamp〔東廉・伊藤美登里訳『危険社会——新しい近代への道』法政大学出版局, 1998年〕.

Giddens, Anthony 1990 *The Consequences of Modernity*, Stanford University Press〔松尾精文・小幡正敏訳『近代とはいかなる時代か?——モダニティの帰結』而立書房, 1993年〕.

Slovic, Paul 2000 *The Perception of Risk*, Earthscan.

Weinberg, Alvin M. 1972 "Science and Trans-Science," *Minerva*, 10 (2), pp. 209-22.

【科学史，科学哲学，科学社会学／History, Philosophy and Sociology of Science】

第 8 章
科学的合理性と社会的合理性

村上陽一郎

　　本書では，さまざまな学問分野の視点や方法論から，震災へのアプローチを試みてきました．最後に，リベラルアーツを修めた私たちが「災後」（または災間）の社会でどのような役割を果たすべきかについて，より包括的な視点から考えてみましょう．
　　2011 年 3 月 11 日以来，私たちの日常には「ベクレル」「シーベルト」などの術語や，地震や津波が起こる「確率」といった，「科学的な」言説があふれるようになりました．それらなじみのない言葉や議論をもとに，町づくりや食品選択において，集団や個人が判断を迫られることが続いています．また，「専門家」が「数値が○○だから安全だ」と言っても，必ずしも「安心」できないという経験もしています．
　　「専門家」が主張する「安全」と，人々が感じる「安心」との間のギャップはどこから来るのでしょうか．そして，専門を究めながらもジェネラリストをめざす私たちは，このギャップを踏まえて，地域社会でどのように行動していったらよいでしょうか．
　　一つ考えられるのは，リベラルアーツを修めた人は，地域社会で「専門家」と「住民（生活者）」の橋渡しを求められる機会が多い，あるいは自らそれを担う責任が大きいということです．その日が来たとき，この章はきっと，皆さんに判断や行動の指針を与えてくれるはずです．

[Key Words: 専門家，非専門家，科学のガヴァナンス]

●科学史・科学哲学・科学社会学，そして科学技術社会論という学問について

　現代のような制度の上に成り立つ，科学という知的営為が，初めて姿を現し

たのは，19世紀半ばのヨーロッパでした．科学者，技術者（とりわけＰＥ＝Professional Engineer）と呼ばれる人々が，社会のなかに一つの存在感をもって出現したのも，彼らを受け入れる幾つかの社会的受け入れ口が生まれたのも，研究成果が論文の形で発表される媒体としての学術誌が整備されたのも，物理学，植物学などなどの，専門的な領域が自立し，独立したのも，全ては19世紀の後半のことでした．他方，内容の面から見ても，キリスト教的な神学の基盤から離れ，完全に世俗的な自然についての知識追究という科学の姿が整ったのも，19世紀のことだったと言えましょう．

さて，こうして，科学が成立すると，直ちに，それがどのような歴史的な経緯を辿って現在の形になったのか，という点を考究しようとする領域，そして，科学も一つの知識体である以上，知識全般のなかでの科学的知識体の持つ，あるいは持つべき特質は何か，という点を考えようとする領域が，付随的に生まれてきたのは，自然なことだったと言えましょう．誰もがお判りのように，前者を科学史（history of science）と呼び，後者を科学哲学（philosophy of science）と呼ぶことになりました．どちらも〈of science〉ですから，「科学についての」という表現であり，ほぼ19世紀の終わりから20世紀の初頭にかけて，そうした領域での研究成果が，少しずつ世に問われ始めた，と言ってよいでしょう．

当初の科学史は，現代の科学の祖先探しが主たる仕事になり，近代ではガリレオやニュートン，さらにはアリストテレスやデモクリトスのような，古代ギリシャにまで遡って，歴史のなかに，少しでも科学的な匂いのする業績を探し当てようとする，ある意味では素朴な学問として，展開しました．

他方，科学哲学も，勃興期の科学的知識体こそ，観察，データ収集，厳しい信憑性の吟味，理論化など，他の領域では十分に達成されてこなかった（と思われる）特性を備えていることを，色々な観点から立証しようとする，これも，ある意味ではナイーヴな動機に支えられて，進められた学問であったと考えられます．

こうした素朴な科学観，つまり科学こそは，知識の中で特別な存在であり，それは徐々に天才や偉人の手で見つけ出され，整備されていったものである，という前提に基づく二つの学問は，その発生の時期から見ても，また前提となる知識観から言っても，恰も「双子」のような存在でしたので，しばしば「学問上の双子」〈academic twins〉と呼ばれ，大学に制度化される際にも，ほぼ必ず「抱き合わせ」の形をとるのが通例となりました（日本の大学で初めて制度化されたのは，

東京大学教養学部においてですが，やはり「双子」扱いになりました）．

しかし，20世紀も深まりますと，そうしたナイーヴな科学観そのものを疑うような成果が，科学史からも，科学哲学からも，少しずつ発表されるようになります．それは，ある面から見れば，それぞれの学問の前提を否定するわけですから，一種の自己否定であり，しかし別の面から見れば，それはそれぞれの学問の「進化」（「進歩」とは言いません）と言ってよい現象でありました．

このような現象の誘い水としても働いたのが，20世紀半ばに，「学問上の双子」に新しい妹（弟？）として誕生した「科学社会学」〈sociology of science〉です．つまり，ここで〈of science〉なる学問は，「三つ子」になったわけです．科学という知的営為を社会学的な見地から考究しよう．一言で言ってしまえば，そういうことになる分野ですが，そのきっかけを造ったのは，アメリカの社会学者マートン（R. Merton, 1910〜2003）でした．彼の『社会理論と社会構造』（森東吾ほか訳，みすず書房）の最後の章に〈sociology of science〉という表題が登場します．当初，日本では，学問分野の一つという判断はなく，「科学の社会学」と訳されていました．マートンは，その学位請求論文で，いわゆるマートン・テーゼを提案しましたが，これは，先輩の社会学者であるM・ウェバー（M. Weber, 1864〜1920）の「ウェバー・テーゼ」に範をとったものでした．周知のようにウェバー・テーゼとは，プロテスタンティズムと資本主義のエトスの相関を説いたものですが，マートンの場合は，17世紀的な「科学者」の多くがピューリタンに属していたという点に焦点を合わせたものでした．つまり，「科学」（この場合は17世紀の科学の意味ですが）を支える社会的なエトスとして，ピューリタニズムがある，と考えたわけです．科学が，科学以外の，一般的な社会からの影響を受けているという点でのマートンの科学社会学は，ある限界を持っていました．確かに，科学が，科学の内部のみで完結しているという考え方（しばしば「インターナリズム」と言われます）に対して，科学が外部社会からの影響を受けるという考え方（それがエクスターナリズムです）を，マルクシズムとは無縁のところで主張した，重要な指摘ではありましたが，科学社会学は，単に知識社会学的に，科学的知識と社会のエトスとの抽象的な関わりに注目するだけではなく，科学という知的営為が営まれる「下部社会」（sub-society），つまり「科学者共同体」（scientific community）自体が，どのような社会的特質を備えているか，という分析にも関心を寄せるようになり，更にはそうした下部社会を包含する社会全体と

の相互関係を，様々な見地から考究する方向へと，幅を広げていきました．

　また，社会学の手法の一つである「計量的手法」を，科学に応用するという試みも，「科学計量学」（scientometrics）という一つの分野を生み出すことにもなりました．そこからの派生として，今や科学の世界を支配するとまで言われる「被引用度」（Citation Index ＝ CI）という概念も生まれました．ある論文が重要な業績かどうか，専門化が進めば進むほど，判断のできる人間の数は減っていきます．何らかの客観的な尺度はないか．そこに登場したのが CI です．一つの論文が，他人の論文のなかで何回引用されるか，その回数を積算するだけのことですが，その数が，その論文の重要度を示す尺度になる，という考え方です．研究者は，就職に際しては，履歴書のほかに業績リスト（論文リスト）を付けるのですが，現在では，リストの中の各論文の（CI）を書き込むのが習慣化されてしまいました．また，論文が掲載される論文誌にも，大学の紀要から *Nature* や *Science* のようなものまで，重要性に違いがあることから，CI を土台にした論文誌の評価尺度として，IF（Impact Factor）と呼ばれる尺度も開発されています．

　さらには，〈sociology of science〉は，科学のみを扱う，という限定があることに対する反省から，〈sociology of sciences〉という表現に改めようという方向が生まれます．その中には「技術」も，そして社会科学も含まれる，という現代においてはある意味では当然の拡張も考えられていました．今も続いていて，私もある時期編集委員会の一員であった *Sociology of the Sciences, A Yearbook* という国際学術誌の刊行は，そうした動きの象徴でもありました．特に，その編集委員会で同僚であった盲目の研究者シン（Terry Shin，生年不詳，フランスのＣＮＲＳに属する研究者）は，その雑誌発足の当時から技術への関心を強く示していて，イヤーブックの中には，彼の編集になる技術関係の社会学的アプローチが豊富に見られます．因みにシンは，盲導犬とともに，飛行機を駆使して，ヨーロッパ中を飛び回る極めて活動的な研究者です．日本でも，学会が出来るに際して，こうした国際的な事情も反映して，科学技術社会論学会という名称になりました．

　科学技術社会論学会は，こうしたアカデミックな学会には珍しく，大学人ばかりではなく，科学・技術政策を扱う行政機構のなかの官僚や，企業の研究・開発に携わる研究者や管理者なども，メンバーになっています．こうした点も助けとなって，この分野では，政策論も含めて，科学・技術のガヴァナンスをどうするかという問題についての，具体的な議論もなされるようになりました．以下に，

あらためて，そこにたどり着く問題の流れを考えてみることにしたいと思います．

Ⅰ．喩え話

あまり楽しい想像ではありませんが，Aさんに今厄介な病気が見つかったとします．医師は，これまでの症例や医学理論から，直ぐに手術をすれば，数年間は命を保証できると言います．Aさんは作曲家で，生涯最後の大作を書き上げようとしています．もう一か月あれば出来上がるところまで来ています．ここで手術の道を選んだら，創作活動は中断され，その後一年は，何もできないか，精々リハビリに明け暮れることになります．人生最後の望みを達成するために，Aさんが手術を受けることを拒んだとします．この選択は，科学（医学）の立場からすれば，非合理としか言えないでしょう．哲学者の加藤尚武氏は，こうした選択をする際の患者の権利を「愚者の権利」と呼んだことがあります．しかし，科学の立場を離れて，人間として，あるいは，社会に生きる個人としての立場から見れば，その選択は強ち非合理とは言えず，むしろある種の合理性を孕んでいると言えます．

これを，人工衛星を打ち上げる作業の場合と比較してみて下さい．人工衛星や，それを打ち上げるロケットの自重，大気圏の気圧の状態，風向き，ロケットの推力，目標とする高度などなど，数えきれないほどの様々な要素や条件を，力学の理論と組み合わせた綿密な計算と，それなりの準備を経て，実行に移される．このとき，科学的合理性以外の判断基準が入り込む余地はありません．もちろん，人工衛星を打ち上げるか否か，あるいはどのような目的の衛星であるのか（軍事査察用か，気象観測用か，など）は，科学の範疇の外で決められることです．しかし，打ち上げ

そのものは，専ら科学的合理性のみに依存していることは明らかでしょう．

　ここで言いたかったことは，世の中で問題になる事柄のなかには，当然のことながら，科学だけで解決できるものと，科学がある程度は関わるにしても，科学の基準だけに任されない，あるいは任すべきではないものがある，という点です．最近では，後者のような領域を「トランスサイエンス」（trans-science）という言葉で呼ぶ習慣が定着しつつあります．

Ⅱ．サイエンスとは何か

　ここでの「トランス」は「〜を超えた」というような意味で使われています．この言葉自身はアメリカの物理学者A・ワインバーグ（Alvin Weinberg, 1915 〜 2006）が1972年に使い始めたもので，40年以上の歴史がありますが，国際的に大きな意味を持ち始めたのは，比較的最近のことです．それには「サイエンス」という概念の歴史的な転換があると考えられます．遠回りのようですが，サイエンスの歴史を考えてみることから始めます．

　今でこそ科学の成果は，社会のなかに生きる私たち一人ひとりの生活の隅々まで行きわたっていますが，もともと科学が始まったころには，それは社会とは切り離された場所に閉じ込められていたと言えましょう．ここで「科学が始まったころ」と言いましたが，私の解釈は，普通の常識とは少し違います．常識では，科学は，ガリレオだのニュートンだのの手で始められたことになっています．この考え方が全面的に間違っているとは思いません．しかし，ガリレオやニュートンの行っていたことと，今私たちが科学と呼んでいるものとの間には大きな違いが幾つもあります．そもそも，ニュートンの生きていた時代のイギ

リスには,「科学者」(scientist) という言葉は (「物理学者」〈physicist〉もそうですが) 影も形もありませんでした. ニュートンは間違いなく「哲学者」(philosopher) でありました. またニュートンの時代のヨーロッパの如何なる大学にも, 科学を専門的に扱う学部, つまり理学部はありませんでした.

1. 19世紀になって

「科学者」や「物理学者」という言葉も, あるいは大学における理学部も, すべては19世紀の産物です.〈science〉という言葉自体, 19世紀までは,「知識全般」を意味していて, 今の「自然科学」の意味合いは全くありませんでした. こうした点を考えて, 私は, 少なくとも今私たちが「科学」あるいは「サイエンス」という言葉で理解しているような知的営みが誕生したのは, 19世紀ヨーロッパにおいてであった, と断言してよいと思っています. したがって, そのサイエンスに従事する「サイエンティスト」もまた, 19世紀ヨーロッパに細々と現れてきたと考えられます.

〈scientist〉という言葉の語尾〈~ist〉の意味にも留意しておく必要がありましょう.〈~ist〉はもちろん「~する人」を表す語ですが,「~」に当たる部分には, 特殊な, 狭い, 専門的な領域が入ります. だから, 今諸々の「科」に分かれている学問分野に携わる人々は,〈chemist〉,〈physicist〉,〈biologist〉, あるいは〈sociologist〉などのように, すべて〈~ist〉です. これと対照的なのが同じ「~する人」を表す〈~ian〉です. こちらは〈musician〉,〈historian〉のように,「~」に当たる語は, 極めて広い, 大きな概念ということができます. つまり, 19世紀になると, 科学を専門的にやる人, 自然現象だけを専ら追いかける人, さらにはその中でも「物理学」と呼ばれる

領域，あるいは「化学」と呼ばれる領域に限って，知的に探究する人々が生まれてきたことが判ります．これは〈sociologist〉を引いて暗示したように，自然科学の領域ばかりでなく，人文学や社会科学の領域（そもそもそうした区別そのものが，19世紀的なのですが）でも，類似の現象が起こっていたことを付け加えましょう．

2．科学は自己閉鎖的な営み

そうした自然科学の専門家たちは，科学者共同体（具体的には学会）という仲間組織を造りますが，彼らの科学者としての働きは，その共同体の内部に限られていました．現実の社会との直接的な結びつきはなかったのです．

研究によって新しい（科学的）知識が次々に生産されます．生産された知識は論文という形で，学会誌に蓄積されます．学会誌は会員だけに流通するものですから，そうした新しい知識を利用しようとするのも，学会員つまりは専門家仲間だけです．その知識が陳腐なものであるのか，画期的なものであるのか，そうした評価も，専門家である仲間以外にはできません．ご褒美さえ，仲間内で行われていました．それは〈eponym〉という言葉で呼ばれる現象です．もともとは地政学的な用語で，ある場所や土地の名前として，その場所に所縁のある人の名前を利用することです．例えば「クック岬」とか「間宮海峡」などがそれに当たります．科学の世界でも，「プランクの定数」，「ハイゼンベルクの不確定性関係」，「マクスウェルの方程式」など，発見者，定式者の名前を冠せて呼ぶ習慣がありますが，これは，仲間が示す敬意と感謝の徴なのです．つまりご褒美なのです．貴方が見付けてくれたこの式のお蔭で，便利に使わせてもらっています，有難う，という意味なのです．

夏目漱石の『三四郎』のなかに，彼の門人で物理学者で

あった寺田寅彦がモデルと思われる野々宮宗八と言う人物が登場します．故郷の先輩である野々宮の大学における研究室を，三四郎が初めて訪ねた後，三四郎は池の畔で，今見てきた野々宮の研究を振り返って考えます．「野々宮君のやっていることは，所詮実世界とは関わりがない，野々宮君は生涯実世界とは関わるつもりはないのでは」と．野々宮の当時の研究テーマは，光に圧力があるか，ということらしいのですが，その結果がどうあれ，現実の世界は，聊かも影響は受けない．それが，科学研究の本質である，と漱石は考えたのでしょうし，その感覚はまことに正しいものであった，と言えましょう．

整理をしますと，19世紀に成立した科学は，知識の生産，蓄積，流通，活用／利用，評価，褒賞などが，ほぼ完全に科学者の共同体の内部で自己完結している知的営みであることになります．

別の言い方をすれば，科学は，自然のなかに謎を見付け，その謎をどうしても解きたい，と思う特殊な人が，その個人的な関心と興味に従って行うもので，同じような興味や関心を持つ仲間たちの間でのみ，自己閉鎖的に営まれる知的活動であったわけです．そして科学のこの本質は，今でも基本的に変わっていないと私は考えています．

Ⅲ．科学の変質

1．科学の成果に顧客が

しかし，時代の移り変わりとともに，こうした科学の本質に変化が生まれました．ちょうど戦間期，1930年代に始まったその変化は，今日まで続いています．その象徴として二つの出来事を挙げたいと思います．一つはカロザースというアメリカの科学者（化学者）の仕事です．カロザース（Wallace H. Carothers, 1896〜1937）は大学で学位を

とり，ハーヴァード大学でも教えたことのある純粋の科学者でしたが，その彼がデュポン社に招かれ，ナイロンの開発に成功したのです．1935年のことです．つまり，科学者の研究成果が，専門家仲間の組織から外へ出て，産業界がそれを利用するに至った象徴的な事例であったと言えます．言い換えると，科学研究の成果を買ってくれる顧客（クライアント）が，科学者仲間の外に生まれたことになります．

　もう一つの事例は，マンハッタン計画です．この計画に参画した核物理学者たちは，本来は，核兵器の開発などを目的に研究していたわけでは全くありません．原子核の内部がどうなっているのか，興味と関心をそそられて，研究していたに過ぎません．それを，外部の軍部が目をつけ，彼らの間に流通している知識が，大量殺戮兵器の製造に利用できる，と判断したとき，この計画は始まったのでした．ここでも，科学研究の成果を利用する外部の顧客が現れたことが判ります．

2．科学が政治課題に

　このとき，アメリカ政府の科学研究開発部局（OSRD＝マンハッタン計画も含む）の責任者であったV・ブッシュ（Vannevar Bush, 1890～1974）は，1944年11月大統領ローズヴェルトから一つの依頼の書簡を受けます．「貴下らの努力のおかげで，戦いは勝利寸前である．この科学総動員態勢の成功に学び，平和が戻ったときにも，アメリカ社会の繁栄のために，科学利用の制度化を図りたい．ついては，その青写真を造って欲しい」．ブッシュは半年かけて，その諮問書を提出しました．それが有名な「ブッシュ・リポート」（Science — the Endless Frontier）です[1]．ローズヴェルトは，このリポートを受け取る前に，病死しますが，このリポートこそ，政治（行政）が科学研究のクライ

1）残念ながらこの文書の正式の日本語訳はありませんが，原文はウェブのなかで簡単に

アントになったことの，明確な宣言でありました．その提言の中の一つが，NSF (National Science Foundation=全米科学基金) の創設 (1950年) として実現しています．

ここに科学は，重要な政治課題の一つとして，初めて姿を現したのです．日本でも，1995年に「科学技術基本法」という法律が国会を通り，法的な根拠の下で国家行政が，自らの施策において科学を利用する，あるいは，その目的のために科学を支援する，という事態が整ったのです．

3．かつて科学支援は

もちろんそれまでにも，国家行政は，例えば科学研究費などの名目で，科学（自然科学ばかりではありませんが）研究に財政的な支援を与えてきました．しかし，日本での科学研究費 (1939年〔昭和14年〕に創設) の理念は「フィランスロピー」であったと思われます．この言葉 (philanthropy) は，今の日本社会では，企業の社会貢献活動を指すようになってしまっていますが，その原語が〈phil〉（愛する）と〈anthoropos〉（人間）からなっている「人間愛」であることからも判る通り，本来は，様々な方面に向かう人間の活動を大切にしようとすることであり，オペラや芝居などと同様に，自然探究の思いも大事に育てようとする趣意であったと思われるのです．

しかし，全米科学基金や，日本の科学技術基本法における研究支援は，明らかにその国の国力や経済競争力，あるいは国民の福祉など，実際的な側面における実利を目指して行われるもので，「フィランスロピー」の範囲を逸脱していると考えられます．

4．「我関せず」ではすまない

一方科学の少なくとも一部は，もはや，仲間内の内部に留まっていないで，行政や産業のなかに取り込まれていく

入手できます．また，序章の部分だけは，日本アスペン研究所の『科学・技術とヒューマニティ』セミナー用に作られたテクストブックのなかに，私の訳で乗せてあります．

ことになりました．科学にそれだけの実際的な「力」がついてきた，という判断もできましょう．それに伴って，国民の立場から見れば，自分たちにとって，科学研究の成果は，もはや，自分に関係のない，特別な世界で起こっていること，と見ているだけでは済まなくなってきたのです．

　言い換えると，科学研究の結果は，否応なく，科学者共同体の外部にいる一般の生活者をも，関与者（ステークホルダー）の一部として，巻き込むことになり，したがって，普通の生活者も関与者としては，その成り行きに，それなりの責任と権利とが生じることになったわけです．

5．専門家に任せられるか

　関与者である以上，科学者でない，つまりは非専門家である一般の生活者も，科学研究に責任と権利が生じる，ということは，全く別の面からも，支持することができます．というのは，トランスサイエンスの領域に入るような問題に関しては，その問題の専門家がいない，ということに眼を向けなければならないからです．トランスサイエンスの定義は，ある領域の科学（領域としては複数でも構いませんが，ここでは純粋に科学が関係する領域をAと呼んでおきましょう）が確かに関係しているけれども，その領域から食み出るような事柄も絡んでくるような問題の領域ということでした．したがって，この定義からして，ほとんど論理的に，その問題の専門家は同定できない，という結論が得られます．もちろん領域Aの専門家はいるでしょうが．

　言い換えると，科学の領域Aのなかでは，確定した結論が得られても，問題全体には，他の非・科学の領域の要素が関与しているので，領域Aの専門家だけでことの成否を決めることができないことになります．では，そこで絡んでくる非・科学の諸領域の専門家も動員して，$A + \alpha$

の専門家の協力によれば,話は解決するのではないか.確かに,その方法がある程度の効果を発揮する場合があることを否定することはできません.しかし,すべてのトランスサイエンスの課題が,この方法で運営されるか,と言えば,やはり答えはノーだと思います.

6．ここでの課題

ここで「科学の運営」と呼んでいる事態の具体的な内容はなんでしょうか.最も大切なことは,ある科学的な成果があったとき,それを社会の「利益」のために応用すべきか,すべきであるとしても,どのような形でか,いや,そもそも,そのような科学研究・開発を行うべきか,という点に集約できると思われます.そして,少なくとも最後の点に関しては,これまでは,完全にその分野の専門家の判断に任されてきた,というのが実情です.

かつて,原子核研究の成果が,マンハッタン計画を通じて広島・長崎の惨状を生んだということの反省に立って,主として物理学者たちの手で,パグウォッシュ会議が組織されました.因みに昨年（2015 年）長崎でその世界大会が開かれました.この会議は,いわゆるラッセル・アインシュタイン宣言の精神に基づいて,1957 年にカナダのパグウォッシュで第一回の世界会議が開かれて以来,今日まで続いていますし,その提唱者の一人だったロートブラット（Joseph Rotblat, 1908 ～ 2005）は,会議の代表として,1995 年のノーベル平和賞を受賞しています.

この会議の当初,すべての核兵器は絶対悪であるという判断が優勢で,核兵器に連なるような研究もすべきではない,という研究そのものに対する規制の方向も検討されたようですが,年を重ねるに連れて,こうした空気は次第に緩み,核の「抑止力」に理解を示す方向が示され,また研究自体は,どんなものであれ,悪ではなく,その結果をど

のように利用するか，利用の段階で社会的な問題が生じるのだ，という考え方が大勢を占めるようになっていると思われます．

それを非難するつもりはありません．研究者としては，それが当然の姿勢であろうと思います．ただ，この例でも判るように，研究者の間に，研究そのものを規制するような判断を求めることは，本来できない相談なのだ，ということは言えるように思います．

7．アシロマ会議

もっとも1975年アメリカのアシロマで開かれた生命科学の分野の会議は，注目すべきものでありました．世界から当該領域の研究者が集まって，生命科学，とくにDNAの切り張り技術を巡って議論をした結果，幾つかの規制のガイドラインが生まれたからです．その規制のなかには，例えば，扱う実験材料によって，実験室の防護対策を四段階とする，というような技術的な側面も多かったのです．因みにこの四段階はP1からP4と規定され，P4では，実験室を陰圧にする，実験者は厳重な防護服を着用し，出入り口には強力なシャワーを設ける，などの物理的な「封じ込め」を徹底することが求められています．実は日本でも，感染症研究所などでP4(現在ではBSL = bio-security level=4と呼ぶようですが)の施設はあるものの，周辺住民の反対で稼働できないままに終始してきました．エボラ熱の病原体はBSL4でなければ扱えないものとされていますから，この事態を受けて，昨今ようやく何とか稼働の容認に関して，地元の理解を取り付けたと聞いています．

8．解放された科学者共同体

話を戻すと，アシロマ会議で生まれたガイドラインのなかには，こうした技術的なものばかりでなく，制度的な性

格のものもありました．特に注目すべきなのは，IRB の導入です．IRB は〈Institutional Review Board〉の略語で，日本では倫理委員会と意訳されることが多いのですが，実際には「機関内審査委員会」とでも言うべきものです．研究者が所属する研究機関は，この委員会を設ける義務があり，研究者は，研究を始めるに当たって，使用する材料，実験方法などを記した研究計画書を提出して，IRB の認可を得なければならない，というものです．

ただ，問題はそれだけではありません．この委員会のメンバーとして，当該の分野の専門家は半数を超えてはならない，という条件があるのです．この委員会は，倫理学者，聖職者，一般市民など，非専門家が半数以上を占めるように仕組まれているのです．つまりある研究を実施するか否かを決める場面で，専門家だけで意志決定をしてはならないことになっているのです．

これは，ある意味では画期的なことであった，と思います．研究に携わる専門家自身が，研究そのものの可否の判断を，自分たちの共同体の外部の非専門家の意見を含めて行うことを認めたからです．現実には，特に日本では，この項目は有名無実の状態になりがちなことは残念ですが，とにかく，ここには，専門家によってすべてが決定される，という科学においては当然とされてきた考え方の否定が見てとれます．

IV．科学・技術のガヴァナンス

1．誰が責任を持つか

結局，こうした経過のなかで問題になってきたことは，科学・技術のガヴァナンスを，誰が担当するか，という点に集約されると言ってよいでしょう．民主的な社会の原則から言っても，またすでに述べたような科学や技術の専門

家の手に余る事態が前提になるという実際上の観点から見ても，専門家だけにそれを任せることの非正当性は明らかなように思われます．

特定の研究テーマを社会として容認するか，あるは特定の研究から生じる結果を，産業や行政が自らの目標を達成するために，利用・活用することの是非，などに関して，最終判断は当然のことながら，当該の組織の責任者，行政の長であり，企業の長であるにしても，その判断をもたらす基盤となる「意見」は，どのように集約すべきなのか．

それが問われているということになります．そこに生まれたのが，一言で言えば「市民参加」という概念です．

2．PTA の試み

PTA というのは〈Participatory Technology Assessment〉の略語です．直訳すれば「参加型技術評価」です．この概念のなかで，特にデンマークやオランダなど，ヨーロッパの比較的人口の少ない国々で，色々な実験が行われ，既に実験段階を過ぎて，社会に定着しつつあります．その最も普及した方法は，「コンセンサス会議」と言われるものでしょう．

一つの社会的課題に関して，数十人の一般の生活者が集められます．科学や技術に絡む部分には，専門家が出席して，説明を行います．それが一段落すると，専門家を除いた自分たちだけで，討論をしあいます．そのなかで生まれた疑問は整理された上で，再び専門家の参加を得て，解明されていきます．こうした手順を何回か繰り返した後，参加者の意見集約が行われます．それが「コンセンサス」つまり「意見一致」になればよし，しかし，それが最終目標ではありません．意見分布が異なることも当然あり得ましょう．デンマークでは，こうした会議の意見集約を，為政者は，議会の決定と同等の重みで勘案することが求められ

ています.

3. 直接民主制？

このような制度は，代議制の限界を認めた上で，直接民主制の理念の変形と考えることもできます．また，専門家の判断のほかに，一般の常識あるいはそのなかに潜む賢慮による判断を重んじようとする姿勢でもあります．

例えば日本における原子力発電に関して，どうしても，一般の生活者から十分な賛意あるいは信頼を獲得できないできたのも，その発端において，政治家，技術畑，電力会社の専門家たちの間で，ことが決められ，進められた経緯があり，その後，円卓会議，公聴会など，生活者の意見を聴く機会を設けたものの，それが単なるセレモニーと受け取られがちであったのは，結局，意志決定の場に直接市民参加が行われなかったことが一因であるように思われます．直接民主制がときに非常に重要になってくる一つの典型的な事例ではないでしょうか．

4. オランダの例

オランダでは，21世紀に入って，安楽死の認可が法制化されています．ベルギー，ルクセンブルグ，あるいはアメリカの幾つかの州でも，医師が致死薬を患者に与えること（これは最も強い意味での安楽死，つまり医師が患者に死を与えることとは区別されており，PAD = Physician Assisted Deathと呼ばれています）が，もちろん厳しい条件の下ではありますが，法律的に許されています．オランダが，そのイニシアティヴをとった（アメリカには別に，キヴォキアンという確信犯的な医師の行動がありました）ので，その例を引いてみましょう．

1971年にオランダでは，ポストマ事件というのが起こりました．ポストマというのは医師の名前で，母親を安楽

死させたという理由で起訴された事件です．

　以来オランダ社会では，様々な形で，この問題を論じる機会が生まれました．この場合は，ことの性質上，当該の専門家である医師が，常に推進の立場であったわけではありません．ヒポクラテスの誓にもある通り，患者の生命を救うことに全力を挙げるべき医師が，患者の死を支援したり，直接手を下したりなどということに，おいそれと賛成できるはずのものではなかったからです．プロテスタント国としての宗教上の影響もあったに違いありません．しかし，当初は否定的であった安楽死やPADに対する社会の反応は，議論を繰り返すに連れて，少しずつ変わっていきました．医師会も賛成の宣言を公表しました．そして20世紀の終わりには，一般市民の意見は，賛成が90パーセントを超えるに至りました．

　そしてポストマ事件が起こってちょうど三十年後，議会はこうした処置を認める法制度を容認したのです．

　これでも判るように，こうした手続きには途方もない時間がかかります．しかし，逆に考えれば，拙速ではなく，十分な時間をかければ，社会は，その社会における「合理性」を求めることができる，一つの例がここにあるように思われるのです．

5．普遍的な合理性はあるか

　今「その社会における」合理性を求めることができる，と書きました．ここまで述べてきた「社会的合理性」は，「社会」という概念が，もともと時代と地域とに限定されたものであることもあって，人類普遍の基準ではないところに特徴があります．安楽死やPADを巡るオランダ社会の動きも，日本社会に直ちに適用できるとはとても思えません．オランダの姿勢は，確かにベネルックス三国の社会へは普及しました．しかし，ルクセンブルグに入るときに

は，大公の信念によって，一度は拒否され，憲法を改正して，大公の権限の制限を強めることまでしたと聞いています．

こうした社会的合理性の個別性は，ある意味では，当然のことであります．科学的合理性が，それなりの普遍性を主張できると考えられるのと，明確な対照をなす事実です．ということは，社会的合理性は，基本的には，普遍性を持たないと考えてよいと思います．

6．環境問題

もう一つのポイントは，環境問題です．環境問題には，「地球」という形容詞が冠せられる問題もあり，また，地域的な問題もあります．前者にも，後者にも共通の要素としては，科学が完全な因果関係を設定することができない点があります．例えばGMO（遺伝子組み換え作物）の例をとりましょう．これは地球的な問題にもなりますが，北海道の農業に取り込むべきか，という地域の問題にもなります．

科学的合理性の立場から見れば，少なくとも今出回っているGMO食品に関して，それを摂取した人間の健康に何らかの害があるという可能性は，否定されています．しかし，別の次元において，例えば北海道に大規模に虫害耐性を持ったGMOを作付したときに，その後の北海道の生態系がどのように変化するか，という点は，科学的な因果関係を使って完全に予測することは不可能です．もちろん，今の生態系がベストであって，それは僅かでも変化させてはいけない，という命題の正しさも，誰も保証はできません．しかし，こうした問題は，第一に，かなり広い範囲の空間が問題になること，第二に，百年以上の長い時間における変化の予測であること，第三に，そこに絡む要素が極めて多く，しかも多種多様であること，第四に，その要素

のなかには，自然現象ばかりではなく，人間の行動も含まれていること，などから，科学の力を総動員しても，きちんとした予測を立てることは不可能なのです．

そうだとすれば，GMOという科学研究の成果から生み出された産物の扱いに関しては，普遍的な議論の前に，個々の地域において，どう考えるか，を，その地域レヴェルでの関与者の意見を遍く集め，かつ議論を重ねることで，少しずつでも，好ましい結果が得られるように努力することが，「合理的」なのではないでしょうか．

もう一つの注目すべき例は，R・カーソン（R. Carson, 1907〜64）の『沈黙の春』のなかでも推賞されている「雄性不妊」法という，科学研究の成果を利用した「害虫駆除」です．沖縄の久米島をはじめ幾つかの島々では，ウリミバエがウリや果物に対する大きな害をひきおこしていました．久米島から始まった「雄性不妊」法は，生態学者の十分な協力のもとに，慎重に進められ，現在では，成功を収めたと考えてよい状態になっています．ここでは，地域住民の理解も行き届いていたと考えられます．

7．専門性の尊重

以上，現代社会において，科学・技術の絡む社会的な課題に関して，専門家と非専門家の両者が，あるいは別の言い方をすれば，当該の問題に何らかの関わりのあるすべての関与者が，等しく自らの判断を持ち寄りながら，一歩一歩「より合理的な」判断へと前進できるような手法が必要であることを力説してきました．しかし，すべての課題が，この手法に拠らなければならない，ということを主張しているわけではありません．

専門性が十分に尊重されなければならない課題も，数多くありますし，社会全体のなかでも，上のような考え方が，専門性を無視するような方向に傾かないような注意が

必要であると思います．

　例えば，具体的な例を，民間旅客機のコックピットにとってみましょう．コックピットという空間では，機長を頂点とする権威勾配が成り立っています．この権威勾配が崩されるのは，乗客に病気が発生し，医師がその扱いについて意志決定をした場合です．直ちに最寄りの空港に緊急着陸すべき，あるいは目的地までこのまま飛行を続けてよいだろう，というような指示が医師から出た場合に，機長はそれに従わなければならないとされています．しかし，この場合でも，実は最終的意志決定は機長が行う，言い換えれば医師の指示通りに飛行を実行することの責任は，やはり機長にあるわけです．

　社会的な問題でも，市民参加の手法をとったとしても，最終的な意志決定の権限と責任は，当然ながら当該の組織の長にあります．言い換えれば，意志決定の責任は，市民参加によって，拡散されるわけではないのです．問題は，PTA の結果を，そうした組織の長が，どのように意志決定に反映させるか，にかかっています．

　専門家と非専門家との間の隙間を埋める作業と，専門家の持たねばならない責任とは，一見背反するかのように思われるかもしれませんが，そこにも，次元の違う橋渡しが必要になり，「社会的に合理的な」解釈が必要になりましょう．

　私たちが現代社会のなかで抱えている問題は，一筋縄ではいかないようです．

Discussion Questions

(1) 専門家の判断を非専門家の判断より優先すべき場合，分野などについて考えて下さい．
(2) 例えばコンセンサス会議で生まれた非専門家の意志決定を，どのように為政者あるいは組織の責任者が採用すべきか（例えばデンマークでは，代議制を前提とした議会の決定と同等に扱う，という方法が採用されています），考えてみて下さい．
(3) 人間は「知る」動物である，というのはアリストテレス『形而上学』の有名な冒頭部分です．自然の謎に挑もうとする研究は如何なる場合でも，それ自体は悪ではない，という考え方を吟味して下さい．

【参考文献】

小林傳司　2007　『トランス・サイエンスの時代』エヌ・ティ・ティ出版．
藤垣裕子他　2004　『科学計量学入門』丸善．
藤垣裕子編　2005　『科学技術社会論の技法』東京大学出版会．
D・デ・ソラ・プライス　1970　『リトル・サイエンス　ビッグ・サイエンス』島尾永康訳，創元社．
松本三和夫　1998　『科学技術社会学の理論』木鐸社．
R・マートン　1961　『社会理論と社会構造』森東吾他訳，みすず書房．
─── 1983　『科学社会学の歩み』成定薫訳，サイエンス社．
村上陽一郎　1999　『科学・技術と社会』光村教育図書．
山口富子・日比野愛子　2009　『萌芽する科学技術』京都大学学術出版会．
ほかに *Sociology of the Sciences, A Yearbook*（Springer）のシリーズ，科学技術社会論学会の機関誌『科学技術社会論研究』などを参照されたい．
ライデスドルフ　2001　『科学計量学の挑戦』藤垣裕子他訳，玉川大学出版部．

おわりに

山口富子

　災害大国の日本に住む私たちは，台風，津波，地震など，これまで数多くの災害に見舞われてきました．これらの経験が災害対策や復興に関わるさまざまな知識やノウハウの蓄積につながったということは言うまでもありませんが，震災直後によく聞かれた「想定外」という言葉が示唆するように，今回の災害は，これまで十分であるとされてきた知識やノウハウだけでは対処できないことが起こりうるということを，私たちに思い知らせてくれました．現代社会は，今回の様な災害以外にも，オゾン層の破壊，酸性雨，地球温暖化といった地球環境問題から，大規模開発による自然環境破壊，工場や自動車による大気汚染，生活排水による水質汚濁，有害物質の投棄や事故による化学物質の外部への流出など，多くの問題が存在し，これからも想定外のことが起こらないとも限らないのです．

　ウルリッヒ・ベック［1986=1998］は，その著書『危険社会』の中で，豊かさを生むと信じられてきた近代産業社会が，自然環境そして私たちの命をもむしばむようなリスクを生みだしてしまったと述べています．近代産業化にともない，誰しもが充実した生活をおくることができる豊かな社会が実現できると信じていましたが，その期待とは裏腹に自然環境の破壊が起こり，私たちの生活に脅威がもたらされました．これまでの反省を踏まえ，物資的な豊かさに価値を置く社会のあり方を再考し，精神的に豊かな社会

をつくろうという声も聞かれますが，今だに，社会のあり方が本質的に変わったようには思えません．依然として，環境保全，健康管理，ゆとりの時間，自己表現の自由，生活の質の向上など，豊かな社会を実現するための価値が置き去りにされ，物質的な豊かさが重視されているように思えます．今回の災害と事故が「未曾有」のものであったということを認めるならば，そしてそれが将来の歴史の教科書に載るのならば，東日本大震災を契機に，真の意味での豊かな社会が何であるのかを考え，それを実現するための方策について向き合うことが必要なのではないでしょうか．

とはいうものの，どうしたら良いのかという問題に対して私自身答えがあるわけではありません．実は，どうすれば良いのだろうと戸惑っている間に，数年の時が過ぎてしまったのですが，ICU（国際基督教大学）の同僚や友人と話をするうちに，それぞれのやり方でこの問題に向かい合えばよいのだと感じられるようになりました．

さしあたっては，リベラルアーツ教育に身を置く私たちには，何が求められ，何をすべきなのか，そして何ができるのかということを考えるきっかけをつくるような教育活動に関わろうという目標を立てました．誤解が生じないように付け加えておきたいと思いますが，「さしあたって」の意味は，十分考えずにそのようにしたということではなく，これからも試行錯誤を繰り返してゆくという意志表明です．その目標に向かい，本書の執筆者を中心に，これまで，大学でのクラスの新設やワークショップ・シリーズの実施，被災地への訪問，ボランティア活動，写真展の開催など，さまざまな活動を実施してきました．そして今後も東日本大震災と復興の問題に関心を持つ人たちと「ゆるやかなつながり」をもちながら，こうした活動を続けていきたいと思っています．

　　　　　＊　　＊　　＊

　さて，ここからはどのようにして「ゆるやかなつながり」を実践するのかという点について，2015年に開設されたクラス（「『災後』の人間・社会・文化」）のシラバスに書いた学修目標を紹介しながら，考えてみたいと思います．

　■学修目標
　１．東日本大震災を始めとするさまざまな災害と，それが引き起こす人間社会の変化に対し，異なる学問分野がどのようにアプローチしうるのかを学ぶ．また，文理系の垣根を越え，多様な考え方や価値観を認め合いながらコミュニケーションできる力を養う．

　２．異なる学問分野間の関連性を自分なりに見出し，過去の災害の復興支援と，これから経験するであろう災害への各自の備え，判断や行動の指針を養う．震災と復興の問題を自分のこととしてとらえることができる感性を磨く．

　この２つの学修目標は，本書冒頭「はじめに」で触れた，「学際性を身につけること」，「自由な技を身につけること」と読み替えることができます．学際性とは，文理の垣根を越えてある課題に取り組むことと理解されがちですが，文理の融合のみが学際性ではなく，関心を持つテーマや，専門性が異なる人と協働するためにはもっと広い意味での学際性が求められます．同じ学問に身を置く人でも，とり扱うテーマのみならず，物事のとらえ方や方法論が異なります．社会学，人類学，公共政策学など，「社会科学」と分類される系も一枚岩ではありません．社会科学と人文

学では，問題へのアプローチの仕方が異なるでしょうし，社会科学と自然科学では，さらに大きな隔たりがあると言えるでしょう．

　先に述べたように，今回の災害が引き起こした問題は多種多様です．したがって，ひとつの狭い領域の知識ではとても太刀打ちできるような問題ではありません．震災から5年経過しようとしていますが，解決した問題もある一方で，解決の緒についたばかりの問題もあります．また，表面的には解決したように見えるがために，放置されたままの問題も散見されます．問題だと分かっていても解決の見通しすら立っていないことも存在します．

　問題そのものが何なのかが争点となっている場合もあるでしょう．この状態は，社会学の専門用語を使えばいわゆる「フレーミング」のせめぎあいと呼ぶことができます．フレーミングとは，問題を定義する視点や枠組み，問題についての語り方，問題の認識の枠組みを指します（Goffman [1986]）．どちらかの主張が間違っていて，どちらかが正しいということではなく，問題のとらえ方がそもそも一致しないという状態があるということです．当然のことながら，問題の立て方が異なれば，その解決策も異なります．たとえば，原子力発電所の再稼働の是非について考える時に，発電所の安全性の問題を重要な判断材料とする人もいる一方で地域の雇用や，日本のエネルギーニーズという観点からその是非を問う人もいるでしょう．前者の場合，発電所の安全性を示すデータが重視され，データが不十分な場合，さらなるデータの蓄積や，その精度を高めることが対策となりますが，後者の場合は，地域の経済の立て直しや，エネルギーニーズを明らかにするための方策を立てることが重視されることになるでしょう．

　問題が何であるかについて，せめぎあいが起こっているという状態は，決して悪いことではありません．せめぎあ

いが起こっている時にこそ，多様な人が意見を述べる機会が生まれるからです．

　さて，学際性という問題に戻りますが，学問によってあるいはそれぞれの学問的な立場によって，フレーミングが異なることは言うまでもありません．何が「正しい」知識なのか，何が問題なのか，専門領域によってそれぞれの認知的枠組みやアプローチが異なります．よって，学際的なアプローチには，コミュニケーションが必要です．そこでのコミュニケーションとは，自らの専門を捨てて，異なる領域の研究者と歩調を合わせるということではなく，自らの学問に身を置きながら，目の前にある問題を自分自身がどうとらえるかについて，相手に自分の考え方を伝えるということだと思います．自らの考えを，異なる領域にいる人が理解できるよう語る努力をする覚悟があるかどうかということです．コミュニケーションをしようという意志がなければ，目の前にある問題への理解が深まらないでしょうし，誰しもが納得できる解決策を見出すきっかけすら放棄してしまうことになるでしょう．つまり，これが先に述べた「ゆるやかなつながり」ではないかと思います．自分自身のアイデンティティを捨て去ることなく，また相手を否定することなく，コミュニケーションをするという態度がゆるやかなつながりを育むのだと思います．

　皆さんには，震災と復興の問題を対岸の火事とせず，自分の問題としてとらえることができる想像力を養って欲しいと願っています．また，未来への責任をみずからが引き受けるということを忘れずにいて欲しいということを述べ，本書を終えたいと思います．

【参考文献】

Beck, Ulrich　1986　*Risikogesellschaft: Auf dem Weg in eine*

andere Moderne, Suhrkamp〔東廉・伊藤美登里訳『危険社会――新しい近代への道』法政大学出版局，1998年〕．

Goffman, Erving 1986 *Frame Analysis: An Essay on the Organization of Experience*, Boston: Northeastern University Press.

執筆者紹介

■氏名【担当の章】
- 1）現職
- 2）略歴
- 3）専門
- 4）震災との関わりについて，ひとこと

編者：

■加藤恵津子（かとう・えつこ）【はじめに，第3章】
1) 国際基督教大学，教養学部アーツ・サイエンス学科，教授
2) 慶應義塾大学（学士，修士），トロント大学（博士）
3) 文化人類学，言語・記号人類学，ジェンダー研究
4) 学生サークルや人類学実習で，2012年以降，福島の新地町や南相馬，岩手の遠野や沿岸部を訪れています．震災後の東北を研究するのは今でもためらいますが，現地の方々と学生の「一期一会」に立ち会えるのは喜びです．

■山口富子（やまぐち・とみこ）【おわりに，第6章】
1) 国際基督教大学，教養学部アーツ・サイエンス学科，教授
2) 南山大学（学士），バース大学（修士），ミシガン州立大学（博士）
3) 農と食の社会学，科学技術社会論
4) 農の復興という観点から，小規模農家が抱える問題を明らかにしたいというのが最近の関心事です．教育の現場では，被災地の小規模農家と都市部の消費者のつながりをつくるための活動をしています．

～～～～～～～～

■村上むつ子（むらかみ・むつこ）【第1章】
1) 国際基督教大学，元講師，元サービス・ラーニング・プログラムコーディネーター，法政大学講師
2) 上智大学（学士），コロンビア大学ジャーナリズム大学院（修士）
3) ジャーナリズム，メディア論
4) 震災・復興は大学・学生，サービス・ラーニング関係者にとって，大学の役割や現実社会との関わり，市民行動力，教育などについて考え，行動する試金石となりました．この体験がこれからの日本の高等教育に生かされていく事を願います．

■西田昌之（にしだ・まさゆき）【第2章】
1) チェンマイ大学，人文学部日本研究センター，副センター長
2) 国際基督教大学（学士），東京大学（修士），オーストラリア国立大学（博士）
3) 文化人類学，自然資源管理，災害・防災論
4) スマトラ沖地震後のボランティアを通じて災害について興味を持ち，研究を続けてきました．より良い防災・復興システムの構築のために，現地や支援者の方々の日々の生活と語りの理解が大切だと考えます．

■西尾隆（にしお・たかし）【第4章】
1) 国際基督教大学，教養学部アーツ・サイエンス学科，教授
2) 国際基督教大学（学士，修士，博士）
3) 行政学，地方自治論，公共政策
4) 大船渡出身の友人が被災し，2011年夏に実家を訪問した際，陸前高田など周辺自治体でヒアリングをしました．2015年夏は教会つながりで，新生釜石教会や避難所へのハンドベル演奏旅行に同行しました．被災自治体の調査に着手したところです．

■大森佐和（おおもり・さわ）【第5章】
1) 国際基督教大学，教養学部アーツ・サイエンス学科，上級准教授
2) 鳥取大学・国際基督教大学（学士），鳥取大学・ピッツバーグ大学（修士），ピッツバーグ大学（博士）
3) 国際政治，公共政策，比較政治
4) 広瀬隆氏の反原発の講演の，的確だった批判に驚き，原発について考えるようになりました．市民運動が弱いと言われてきた日本でどういう時に市民の行動や要求が政策になるのか，さまざまなNGOに参加しながら考え続けています．

■萩原優騎（はぎわら・ゆうき）【第7章】
1) 東京海洋大学，学術研究院海洋政策文化学部門，准教授
2) 国際基督教大学（学士，修士，博士）
3) 生命・環境倫理学，科学技術社会論，環境社会学
4) 災害発生時のレジリエンス（復元力），地域社会の復興プロジェクトなどが，近年の主な研究課題です．人々が望ましい意思決定を実現するための条件や，そうした営みをサポートする研究活動の可能性を，学際的に探究しています．

■村上陽一郎（むらかみ・よういちろう）【第8章】
1) 東京大学・国際基督教大学，名誉教授
2) 東京大学（学士，修士，博士課程満期退学）
3) 科学史・科学哲学・科学社会学，安全学
4) 震災前に原子力安全保安院にいた身として，安全学の提唱者として，何事かを語る資格はないと痛切に思います．地質学的バックチェックは厳しく議論しても，津波の吟味はしなかったからです．

リベラルアーツは〈震災・復興〉とどう向きあうか

2016年4月10日　初版第1刷発行

編　者	加藤恵津子　山口富子	
著　者	村上むつ子　西田昌之　加藤恵津子　西尾隆	
	大森佐和　山口富子　萩原優騎　村上陽一郎	
発行者	犬　塚　　　満	
発行所	株式会社 風 行 社	
	〒101-0052 東京都千代田区神田小川町3−26−20	
	Tel. & Fax. 03-6672-4001	
	振替 00190-1-537252	
印刷・製本	中央精版印刷株式会社	
装　丁	坂口　顯	

Ⓒ2016　Printed in Japan　　　　　　　　　　ISBN978-4-86258-101-3

《風行社 出版案内》

シリーズ『政治理論のパラダイム転換』
連邦主義とコスモポリタニズム──思想・運動・制度構想──
千葉　眞 著　　　　　　　　　　　　　　　　　　　　　四六判　3300 円

シリーズ『政治理論のパラダイム転換』
平等の政治理論──〈品位ある平等〉にむけて──
木部尚志 著　　　　　　　　　　　　　　　　　　　　　四六判　3500 円

戦後思想の光と影
──日仏会館・戦後70年記念シンポジウムの記録──
三浦信孝 編　　　　　　　　　　　　　　　　　　　　　Ａ５判　2200 円

正しい戦争と不正な戦争
M・ウォルツァー 著／萩原能久 監訳　　　　　　　　　　Ａ５判　4000 円

解放のパラドックス
──世俗革命と宗教的反革命──
M・ウォルツァー 著／萩原能久 監訳　　　　　　　　　　Ａ５判　2500 円

政治と情念
──より平等なリベラリズムへ──
M・ウォルツァー 著／齋藤純一・谷澤正嗣・和田泰一 訳　四六判　2700 円

民主化かイスラム化か
──アラブ革命の潮流──
A・ダウィシャ 著／鹿島正裕 訳　　　　　　　　　　　　Ａ５判　2300 円

「アジア的価値」とリベラル・デモクラシー
──東洋と西洋の対話──
D・A・ベル 著／施光恒・蓮見二郎 訳　　　　　　　　　Ａ５判　3700 円

国際正義とは何か
──グローバル化とネーションとしての責任──
D・ミラー 著／富沢克・伊藤恭彦・長谷川一年・施光恒・竹島博之 訳　Ａ５判　3000 円

人権の政治学
M・イグナティエフ 著／A・ガットマン 編／添谷育志・金田耕一 訳　四六判　2700 円

なぜ、世界はルワンダを救えなかったのか
──ＰＫＯ司令官の手記──
R・ダレール 著／金田耕一 訳　　　　　　　　　　　　　Ａ５判　2100 円

＊表示価格は本体価格です。